『愛の不時着』論

セリフとモチーフから
読み解く韓流ドラマ

"사랑의 불시착"론

모토하시 데츠야
本橋哲也

ナカニシヤ出版

目次

目　次

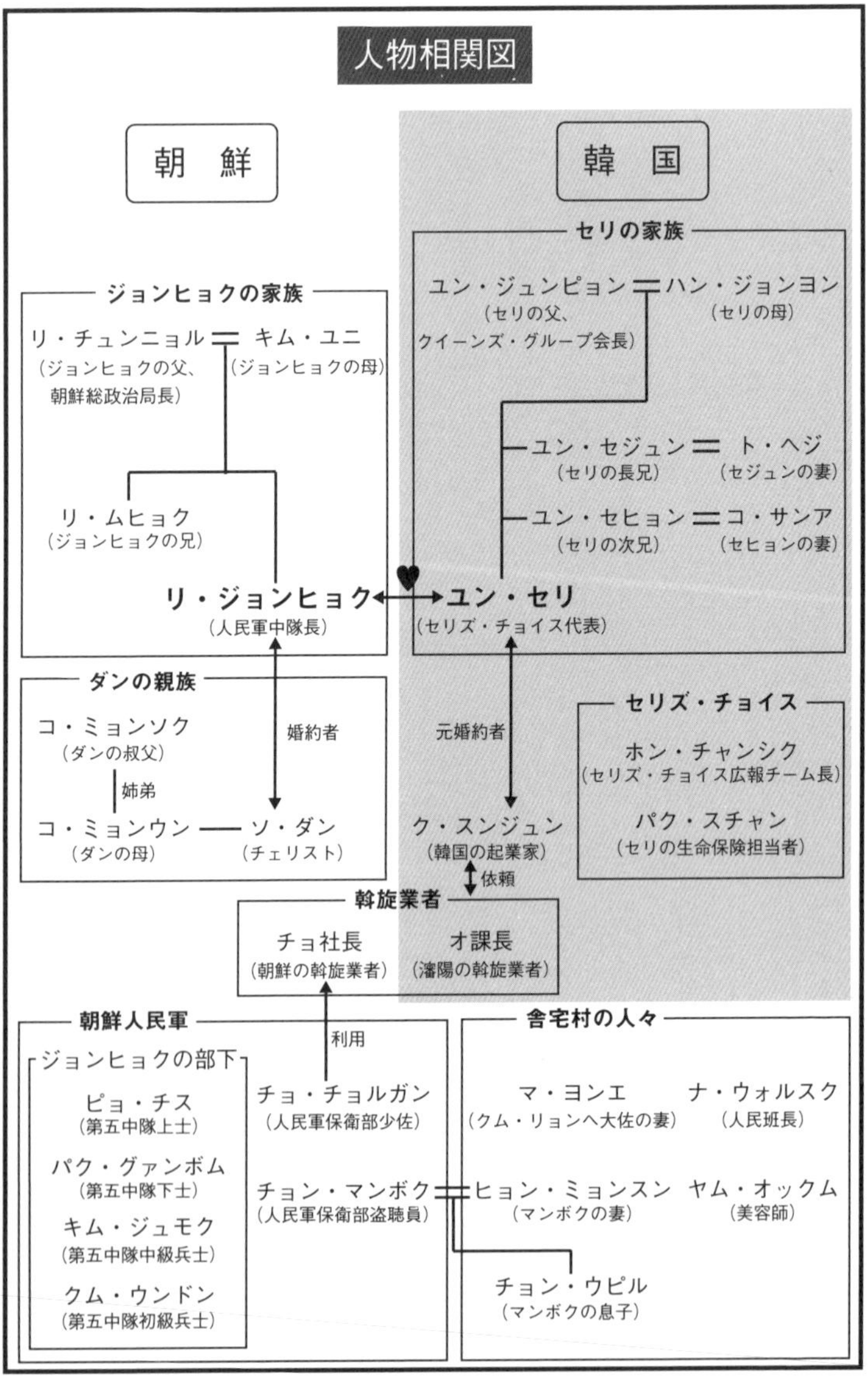
人物相関図
朝鮮
韓国
ジョンヒョクの家族
リ・チュンニョル
（ジョンヒョクの父、朝鮮総政治局長）
キム・ユニ
（ジョンヒョクの母）
リ・ムヒョク
（ジョンヒョクの兄）
リ・ジョンヒョク
（人民軍中隊長）
セリの家族
ユン・ジュンピョン
（セリの父、クイーンズ・グループ会長）
ハン・ジョンヨン
（セリの母）
ユン・セジュン
（セリの長兄）
ト・ヘジ
（セジュンの妻）
ユン・セヒョン
（セリの次兄）
コ・サンア
（セヒョンの妻）
ユン・セリ
（セリズ・チョイス代表）
ダンの親族
コ・ミョンソク
（ダンの叔父）
姉弟
コ・ミョンウン
（ダンの母）
ソ・ダン
（チェリスト）
婚約者
元婚約者
ク・スンジュン
（韓国の起業家）
依頼
セリズ・チョイス
ホン・チャンシク
（セリズ・チョイス広報チーム長）
パク・スチャン
（セリの生命保険担当者）
斡旋業者
チョ社長
（朝鮮の斡旋業者）
オ課長
（瀋陽の斡旋業者）
利用
朝鮮人民軍
ジョンヒョクの部下
ピョ・チス
（第五中隊上士）
パク・グァンボム
（第五中隊下士）
キム・ジュモク
（第五中隊中級兵士）
クム・ウンドン
（第五中隊初級兵士）
チョ・チョルガン
（人民軍保衛部少佐）
チョン・マンボク
（人民軍保衛部盗聴員）
舎宅村の人々
マ・ヨンエ
（クム・リョンへ大佐の妻）
ナ・ウォルスク
（人民班長）
ヒョン・ミョンスン
（マンボクの妻）
ヤム・オックム
（美容師）
チョン・ウピル
（マンボクの息子）

プロローグ 프롤로그《プロログ》　愛に不時着——二つの国家、一つの民族

二〇二〇年のグローバル・イベントの一つとなった韓国ドラマ『愛の不時着』——沼落ちして一気見してしまった人、毎晩一話ずつ楽しみに見ている人、これから見てみようと思う人、「韓ドラ」など大人の見るものではないと思っている人……さまざまな皆さんとこのドラマの魅力を分かち合うために、この本を書いていきます。『愛の不時着』に対する言語や文化や慣習の壁を越えた人気には、この年の「コロナ禍」とも呼ばれた感染症の世界的な流行と、その拡大を防ぐために外出が規制された「ロックダウン」の影響があることは否定できません。そうした要因はあるにせよ、このドラマを一話でも見た人は、その面白さに惹かれ、声を上げて笑い、涙を流し、サスペンスにドキドキする……。そして何より、あの愛すべき登場人物たちにもう一度会いたい、そう願うようになったのではないでしょうか？　世界の人びとをそこまで虜にする『愛の不時着』の魅力は何か——本書では、表象分析と文化批評と歴史省察の知見を借りながら、そして何よりこのドラマが描く人と人との関係の不思議に驚きながら、この問いを掘り下げて考えていきたいと思います。

『愛の不時着』は史上最高の韓流ドラマである——私にそう思わせる理由の一つは、このドラマがある意味で禁断の題材を扱うこと、つまり南北に分断された朝鮮半島、朝鮮民主主義人民共和国（以下、本書では「朝鮮」ないしは「北」と略称）と大韓民国（「韓国」ないしは「南」）を行き来し、そこに住んで生きて笑って泣いて食べて愛している人びとを登場させたことです。朝鮮戦争はいまだに「休戦

状態」で、南北分断という政治的・経済的・歴史的に厳しい現実を解決するには課題が山積していいます。二〇世紀なかばまで朝鮮半島という土地で、同じ歴史を共有し、同じ民族として共通の文化や言語を育ててきた人びとが、現在では二つの国家に分かれて、会うことも話すことも容易ではない。その不条理な現状の歴史的原因は、二〇世紀前半の日本による植民地支配、および二〇世紀後半のソビエト連邦とアメリカ合州国との対立に代表される東西冷戦にあります。それを背景として朝鮮戦争という民族同士が相争う悲惨な戦争が起き、国家が分裂した状況がいまだに続いています。朝鮮半島の国家統一自体は政治的課題かもしれませんが、分断を最終的に超えるためには政治指導者の決断や経済的利害ではなく、そこに暮らす人たちの意思が大切なのではないでしょうか？　二つの国家に分かれた一つの民族である朝鮮半島の人びとも、彼ら彼女らに関心を寄せる世界の人びとも、おそらく心の底ではそう願っているからこそ、『愛の不時着』の登場人物たちとともに「いつか南北が統一して、また出会える日が来てほしい」と熱望するのでしょう。

ここで少し「分断」について考えてみましょう。分断とは単に二つの国家ができたと言うことだけでなく、北と南にとって、社会のさまざまな矛盾や問題の原因となっている状況です。そして国家の対立意識は、そこに生活している人たちの心理や思考に染みついていています。つまり分断は、人びとの心のなかまでも分け隔ててしまっている。だからこそ分断を克服するには、経済や政治だけでなく、文化の革命が必要なのです。それはまた単に朝鮮半島の問題ではなく、南北分断の解消のためには少なくとも、中国、ロシア、アメリカ合州国、日本といった地域のキープレイヤーを含みこんだ東アジア全体の現代史の課題として取り組む必要があります。私たちが分断を越えるためにまずなすべきこと、それは日本人と朝鮮人、加害者と被害者、男性と女性、権力を持っている者とそうでない者、マジョリティとマイノリティ、などといった人びとのあいだに引かれている分断線を確認することではないでしょうか。「同じ人間なのだから話せばわかる」とか「いつまで昔のことにこだわるのだ」と言ってごまかすことはできません。なぜなら植民地支配や戦争のような明らかな暴力や差別の痕跡が、いまだに東アジアに生きる私たちを取り巻いており、それが分断体制の現実に他ならないからです。分断線を確認してこそ、それを超越することができる。つまり朝鮮半島の平和的な統一が、東アジアに住む私たち全員の心と体の分断を超えて、私たち自身の生を変革する契機となりうると言えるのです。朝鮮半島の分断体制を日常的に意識しないで済んでいる日本の私たちは、そうした彼我の距離ゆえに『愛の不時着』のようなドラマを通して、こうした不条理についてより冷静に考えることができるのではないでしょうか。なぜなら、このドラマはそのような厳しい現実を、温もりとユーモアをもって描くことによって、私たちに優しさと勇気を与えてくれるからです。

本書は次のような構成になっています。

まず各話には、その回を総括できるような大きな〈테마《テマ》（テーマ）〉を設定し、それを軸として考察を進めます。

各話の冒頭には〈개요《イエオ》（ストーリー）〉を置きます。これはエピソード毎の単なるあらすじではなく、どこが物語の勘所なのかをともに考えながら読んでいただくための紹介です。

次に続くのが、本論とも言うべき〈비평《ピピョン》（クリティーク）〉。各話から印象に残る台詞を三つ選び、そ

こから鍵となる言葉を取り上げ、その言葉を〈모티브《モチプ》（モチーフ）〉としていくつかの場面をみていきます。本書で引用する台詞は、『愛の不時着』の配信サイトであるNetflixの日本語字幕を用いますが、適宜、句読点を加えてあります。

そして各話の最後には〈비평《ケラム》（コラム）〉を設けて、このドラマの背景として役に立つかもしれない知識や文脈を付け加えたいと思います。


ここで優れた物語の条件について予備的な考察をしておきましょう。小説でも演劇でも映画でもテレビドラマでも言えることですが、言語や文化や時間の壁を越えて、多くの人を魅了するフィクションには、いくつか共通の要素があるのではないでしょうか？　とくに韓国ドラマのような長編ドラマとなると、視聴者に飽きられない工夫が必要となります。それを以下、五つほどに整理してみます。

まず脚本。ドラマの中核には台詞があります。私たちはそれを語る人物に共感したり反発したりして、想像上の人生を生きます。毎話、心に残る名台詞や場面を用意して、クライマックスを創り、それを次の話に繫げていく。また伏線をなるべく多く仕掛けておいて、人物の性格描写だけでなく、プロットやモチーフ上でも複層的な構造を設けておく。人間以外の動物やモノを印象深く用いることや、フラッシュバックの効果的な使用もあげられるでしょう。異化効果ないしは相対化と言ってもいいと思いますが、視点の置き場所や距離の取り方をさまざまに変化させる工夫が優れた脚本には満ちています。

次に演出と演技。いくら脚本が優れていても、それを生かす演技と演出がなければ、重層的で深みのあるドラマは生まれません。ユーモアあふれる場面とシリアスな場面の転換や、ステレオタイプな人物像の中にときに顔を出す新味、俳優の微妙な表情の変化で感情の起伏を表現する。また脇役が一枚岩的ではなく、主人公たちに勝るとも劣らない複雑な性格を示すこと。俳優の台詞術と身体的強度が確かで、発声が明確で、身体が動いても体幹がブレないのも基本でしょう。自己耽溺よりは自己反省が、演技にも演出にも大切だと思います。

次は主題です。どんな題材を扱おうと、つまり歴史物だろうと現代物だろうと、設定がどこの国や地域であろうと、あらゆるドラマは現在形であって、いまここに生きている私たちの興味を引かなければなりません。そこには民族分断のような政治的課題や、戦争や環境問題のような歴史の遺産、異文化共生、ジェンダーによる格差、貧富の格差、人種や民族による差別といった現代の問題が、正面からだけでなく、側面から、ときには皮肉やユーモアをもって堅苦しくならずに、新鮮かつ平易に提示される必要があるでしょう。私たちは論文を読んでいるのではなくドラマを楽しんでいるのですから、笑いながら泣きながら、しかし今の世界について考えさせられる、そういう主題の提示の仕方が求められます。

次に歴史の引用と記憶の構築。テレビドラマの場合、すでに六〇年以上の歴史を持つジャンルですから、そこには多くのドラマツルギーや作品の蓄積があります。また多くの観客が自分たちの人生の大切な一部として、多くの作品や俳優や名場面とつきあってきたわけですから、その伝統や遺産に私たちも謙虚であるべきでしょう。そのような伝統を踏まえながら、過去の作品に言及したり、引用を行うこともドラマの複層化のための手段となるはずです。それも単なるパロディではなく、ドラマ全体のテーマを深め、視聴者自身の思い出や人生の糧となるような引用の工夫が大事になります。

最後にＯＳＴ（オリジナル・サウンド・トラック）、つまり物語を織りあげ盛りあげる歌の数々も、連続ドラマでは重要です。優れた韓国ドラマには、毎回クライマックスにおける決め台詞や名場面とともに、私たちの心の琴線に触れる名曲が流れます。歌詞も曲調もドラマの内容とぴったり合っていれば、私たちはドラマを見なくても、ＯＳＴを聞くだけでドラマの内容を反芻することができる。曲を聴いただけで場面が思い浮かぶのが、優れたＯＳＴの魅力でしょう。

さて、『愛の不時着』が名実ともに史上最高の韓流ドラマと言えるのは、これらの条件をすべて見事に満たしているからではないか——この本で皆さんとともに検証してみたいのは、このことです。

それではこれから皆さんと、このドラマにハマり、サスペンスやアクションにドキドキし、登場人物たちの生き方に一喜一憂しながら、自分たち自身の世界と文化と政治と歴史を考える旅へと、ともに出発しましょう。

※本書内で使用したイメージはNetflixで配信されている『愛の不時着』作品内より適宜、引用しました。

第1話 飛翔 비상《ピサン》

ストーリー 개요《イエオ》

ユン・セリは、ソウルのSeri's Choice（セリズ・チョイス）という化粧品からファッションまで扱うブランドの経営者で、男性関係で頻繁にマスコミの話題に上るセレブだ。家族は、クイーンズ・グループ財閥の会長である父親ジュンピョン、母親ハン・ジョンヨン、セジュンとセヒョンという二人の兄。しかしセリは家族とは距離を取っている。ところが、父親は実業家としての才能を買い、兄たちではなくセリを財閥の後継者に指名する。

朝鮮では民警大隊第五中隊長として国境警備についているリ・ジョンヒョクが、国境の非武装地帯で韓国の軍人に捕われた美術品の盗掘者たちをめぐって、南北の軍事的緊張の真っただ中にいた。ジョンヒョクは韓国軍に盗掘の調査を約束して、朝鮮の盗掘者たちを引き取るが、彼らの背後には人民軍保衛局少佐のチョ・チョルガンがいた。チョルガンは盗掘者たちの身柄を預かり保護と栄達を約束するが、盗掘者たちの車は移送の途中で装甲車の襲撃に合い爆破される。

後継者に決まったセリは意気軒昂に、スポーツウェアの新製品をテストするため自らパラグライダー飛行を試みる。しかし竜巻に巻き込まれ、非武装地帯の中の森林の木に不時着。パラグライダーは風による無動力飛行なので、朝鮮軍のレーダーに探知されなかったらしい。ジョンヒョクが樹上のセリを見つけ、落下する彼女を受け止める。セリは自分が朝鮮側に来てしまったとは最初信じなかったが、そうと知って逃げ出す。追うジョンヒョクは小川で地雷を踏んで立ち往生。彼は「分かれ道を右へ」と韓国への道順を教えるが、セリはその言葉を信じずに左へ向かい、士官長のピョ・チスらジョンヒョクの部下たちに追いかけられる羽目となる。一晩歩いてようやく集落を見つけ、韓国に戻ったと信じたセリの目の前に見慣れぬ人びとの生活が出現していく……。

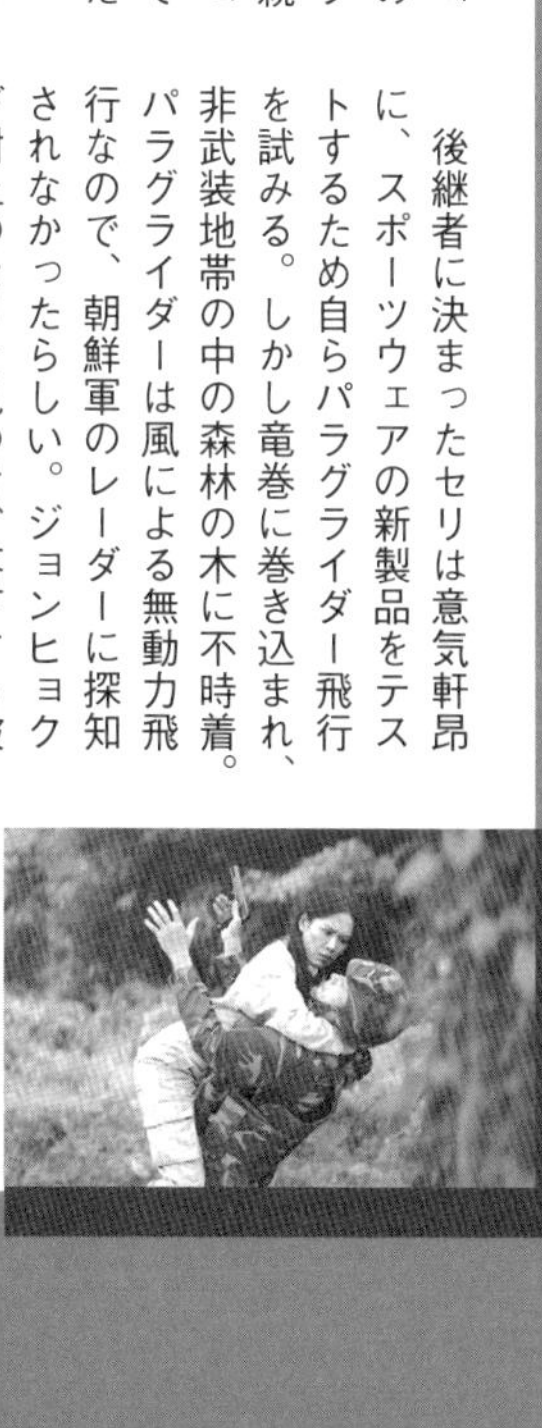

樹上から落ちたセリを受けとめるジョンヒョク

1 風 바람《パラム》

「風はなぜ吹く? 通り過ぎるためよ、立ち止まらずにね。風が吹いてこそ――私は飛んでゆける」

風が強くなってきたからと心配をする部下のチャンシクに、飛翔する前のセリが語る。

連続ドラマ『愛の不時着』は、空に始まり、空に終わると言ってもいい。その一つの理由はもちろん、最初でも最後でも物語の重要な要素をなすのが、セリによるパラグライダー飛行であるからだが、とくにこの第1話の冒頭は、まるで映画『ハリー・ポッター』シリーズを引用するかのように、朝鮮半島の上空を飛行する鷹の映像から始まる。空を自由に飛ぶ鳥にとって国家とか国境とかは意味をなさず、その飛翔が分断を克服する統一への願いを体現しているとも言える。ここで引用した「風」をめぐるセリの台詞は、直接には、前日に父親から「クイーンズ・グループ」財閥の後継者として兄二人を差し置いて指名されたことで、より高い社会的地位に上る彼女の興奮を示唆している。しかし同時に象徴的には、このドラマ全体の主題である「通過」や「自由」や「欲望」といった、人間一般の営みや情動を喚起する言葉でもあるだろう。セリはパラグライダーの資格をスイスで取得したという。後のエピソードで明らかになるように、セリとジョンヒョクとは(ソ・ダンを交えて)互いの記憶として鮮明に残ってはいなくても、すでに七年前にスイスですれ違っていた。パラグライダーとスイスと空との連環が、風をモチーフとして、それぞれの閉塞された運命から解放されたいという主人公たちの自由への渇望と実現を象徴しているのだ。そしてこのドラマでは、風によって「不時着」することが、究極的には「無事着」であったことが明らかになる。つまり、自由気ままであるという風の特徴が、結果よりも過程が重要であり、間違いや失敗は続けていれば、やがてはそうでなくなる、というこのドラマの主張へと私たちを導くのである。

　しかしながら人は鳥ではないから、いつまでもどこまでも「飛んでいける」わけではなく、いつかはふたたび地上に降りてこなくてはならない、それが「不時着」にせよ、「無事着」にせよ。たしかに風のおかげで、人は孤独に、そして自由に空を飛行できるのだが、地上に降りれば他の人間がいて、ときには歓迎してくれる保証のない見知らぬ他者との交渉が必要になる。その他者は同じ国の人間とは限らないし、たとえ言葉は通じても、自分を不法侵入者として銃を向けたり捕えようとしたりするかもしれない。とくにセリのように、竜巻で吹き飛ばされて木の上に引っかかってしまったら、降りるには危険を冒さなくてはならず、下で受け入れてくれる人間が必要だ。樹上から落ちるセリを抱えとめるジョンヒョク——この場面が周到なのは、拳銃を右手に持ったジョンヒョクがセリを完全に抱きかかえるのではないということだ。上から落ちてきたセリの背中に腕を回さずに、彼は胸だけで受け止める。セリとこうして出会ったときの、ジョンヒョクの表情の変化が見事だ——驚きから警戒へ、無言から忠告へ、温かさから冷たさへ、と言葉ではなく、無言の微細な顔の動きで、相手との距離感が変わる。セリとジョンヒョクとのこの最初の身体同

パラグライダーに乗るセリ

士の不完全な接触が、いったいどのような形で完全な抱擁へといたるのだろうか？――この問いとプロセスへの期待がこのドラマを駆動する力となるのである。

このような高く飛ぶことと、深く沈むこととの対照は、後の場面で盗掘者たちについて名誉をかけて徹底的に調査するというジョンヒョクに対して、彼の出自の高さを揶揄しながら警告するチョルガンの言葉――「だが人は高く上る時もあれば、低く沈む時もあるものだ」――によって文脈を変えながら変奏される。ドラマ全編を通じて、このような言葉やテーマや場面の反復と変奏が、『愛の不時着』の構造を重層化し、優れた異化作用を発揮することで、私たち視聴者に複眼的で相対的な視点を提供しているのである。

「風は通り過ぎるために吹く」が、南から風に乗って飛んできたセリは、思いもかけず北に住むさまざまな人びとと出会うことになる。風は「通り過ぎる」だけでなく、思いもかけない出会いや予期せぬ出来事をもたらすのだ。そして、そのような人間同士の偶然にして必然でもある遭遇における一つの鍵、それが「信頼」である。

2 信頼 믿는다《ミヌタ》

「君のことは信頼してる」

地雷を踏んで立ち往生したジョンヒョクは、部下のグァンボムに地雷の解体を依頼する。

朝鮮と韓国のあいだを隔てている非武装地帯には多くの地雷が設置されていると言われる。たとえば国境を警備する北と南の軍人たちの交流を描いた名作映画『JSA』（パク・チャヌク監督、二〇〇〇年）でも、主人公の一人がそこで地雷を踏んでしまったことが物語の発端となった。『愛の不時着』においても、樹上から落ちてきたセリを受け止めたジョンヒョクが地雷を踏んでしまったことが、その後のドラマを進行させる。そして、そのとき鍵となるモチーフは信頼である。

しかし信頼は、その逆、つまり不信を背景とし、ここでもセリとジョンヒョクとのあいだに最初に兆すのは互いのアイデンティティへの疑いだ。地上に降りてきたセリの住所をジョンヒョクが問うと、セリはソウル市江南区とだけ言って後は言葉をにごす。見知らぬ人に自分の身元を明かしてはならぬというセレブ的な自己防衛反応によるものだろう。セリは最初、自分が朝鮮に居るなどとは夢にも思っていないので、ジョンヒョクの軍服を見ても、彼が脱北して韓国にやってきた「帰順者」だと思う。しかしどうやら、自分自身が「プッカン、North Korea」に居ることを知らされて逃げ出す。北と南との実際の距離の近さにもかかわらず、セリにとっては国境を越えるなどということは想像もつかない出来事なのであり、それが分断の現実でもある。

彼女が小川を渡ろうとすると、ジョンヒョクは警告する、そこは地雷だらけで「僕は地雷の専門家だから」と。そんな彼自身が小川の際で即座に地雷を踏んでしまう。そして、彼の様子を怪しむセリに「何でもない」「平気だ」（괜찮아《ケンチャナ》）と繰り返す台詞に、彼の性格が垣間見れる。この日常語は何度も使われて、このドラマの通奏低音をなす一言である。つまりこの物語のなかで「大丈夫、何でもない」―は、自分の強がりや相手に心配させたくないこと以上に、互いの思いを確かめる信頼の徴へと育

っていくのだ。しかしここでのセリは、まだジョンヒョクを信頼していないから、「統一したらまた会いたいわ」という言葉を残して、地雷を踏んで動けないジョンヒョクを置きざりにして逃走する。ジョンヒョクは嘘のない人物だから、ここで南に帰ろうとするセリに道順を教える、「分岐点で右に行け」と、「どちらに行くかは自分で決めろ、俺は答えを言った」と。しかしSeri's Choiceを独力で築いたセリは、自分で「選択」して左への道を選ぶ。セリは家族に愛されず、孤独のうちに社会的に成功してきた。そんなセリにとって他人を文字通り信用しないのは人生哲学だろう。このドラマはそうした彼女の選択を必然として描き、「不信」と「信頼」とが表裏一体の関係にあることを描くのである。

信頼というモチーフは、ここで引いた台詞が交わされるジョンヒョクとグァンボムとのあいだで完成される。グァンボムはジョンヒョクの四人の部下のなかで（一人だけ「イケメン」で）、つねに大事な任務を任せられる人物だ。しかし工兵隊を呼びますかと聞いたグァンボムに、ジョンヒョクは君がやってくれと地雷の解体を依頼する。工兵隊に知らせると事態がおおごとになるとジョンヒョクは心配したのだろうが、一方で地雷の解体について彼はグァンボムを全面的に信頼しているわけではない。グァンボムは地雷の解体は新兵のときに一度だけやったと告白するし、素手で地雷を掘り起こそうとしてジョンヒョクに止められ手袋を渡される。不安そうなジョンヒョクにグァンボムは、「僕を信じているのでは？」と聞くが、そのときすでにグァンボムは信管を抜いており、ジョンヒョクに見せると、その瞬間にジョンヒョクは「信じた」と過去形で言うのだ。そんな緊迫感とユーモアが交差する

地雷の信管を抜くグァンボム

台詞と二人の表情の変化が、演技や演出の細部を通して明らかにされることが『愛の不時着』の特徴の一つを示す。

信頼と不信の相関関係をめぐって、次に韓国に場面が移ると、セリの失踪をまだ知らないユン家の長男の妻ヘジが教会の集まりで神に「祈り」を捧げている。財閥の後継者であるべき夫を差しおいた義父の処遇に対して、都合よく神の助けを求める信仰／信頼のパロディだ。祈りの途中で夫から電話がかかってセリの失踪が伝えられ、神が私の信仰に答えてくれた、と大喜びするのだから。

次にこの家族と因縁がある人物——それがこの物語の主人公の一人であるスンジュンである。彼はユン家の次男セヒョンから詐欺で大金を巻き上げたので、時効まで隠れていられる場所を捜している。斡旋を頼んだオ課長がヤクザ風の部下を従えているのでスンジュンが心配すると、「信頼できる者しか私は使いません、私を信じないでどうするんです」と、先のジョンヒョクの不安感とは正反対にオは「信頼」を強調する。実際にはこの「信頼」ほど怪しいものはなく、後に明らかになるように、それは金銭を積まれればたちまち裏切られる「信用」に過ぎない。オが示唆する究極の逃走場所とは、「インターポルの手も及ばずインターネットも通じないところ」、すなわち朝鮮である。そしてこのドラマの舞台である朝鮮は、信頼が真に人間の愛や友情や連帯に繋がるのか、それとも利益や都合や金銭的価値に還元される空疎な甘言なのかが試される場所となるのだ。

一晩歩き通したセリは、「大韓赤十字社」と書いてある袋（南から北への援助物資だろう）を発見して、ようやく韓国に帰りついたと信じて安堵する。しかし彼女が入っていく集落では、ようやく明け方になって停電が終わり、電気が点く。そして目に入る「人民の楽園」というスローガンに、韓国に戻ったというセリの信念も瓦解するのだ。このようにさまざまに変奏されながら、「信頼」というモチーフはまさに「不信」を裏づけとして、このドラマの重要主題の位置を第1話から獲得する。そして『愛の不時着』の登場人物たちと視聴者が、もっとも信じたいことは何かと言うと、それは別れた人同士が「再会」することである。

3 再会 만남《マンナ》

「愛する人たちは再会できる。どんなに遠く離れても、最後には——戻ってくる」
哨所のなかで『天国の階段』を夢中で見ているジュモクが、涙に咽びながらドラマの台詞を復唱する。

このドラマにおいてもっとも信頼すべきこと、それは「再会」をおいて他にない。再会を信じること、それは一人であることが孤独ではなく、人は不特定多数の他者に生かされていることを認める意志のことではないだろうか。セリはジョンヒョクの言葉を信じなかったがゆえに朝鮮にやってきてしまい、結局はそれが二人の関係を進展させる。パラグライダーが不時着したのは非武装地帯だから、正確にはまだセリは越境を果たしてはいない。言葉への不信が招いたセリ自身の誤った、しかし確信に満ちた選択によるフェンスを飛翔しての越境——地雷原をものともせずに走り抜け、怪我をしながらも一晩中飲まず食わずに歩き続ける体力と意欲による、あらゆる境界の無効化——それが再度の「不時着」をもたらし、ジョンヒョクの舎宅での再会を実現する。このようにしてパラグライダーによる「不時着」は、あらゆる優れた物語の基本モチーフである再会をもたらす「無事着」への長い道のりを歩み始めるのである。

　境界を侵犯するセリの飛翔とは対照的に、哨所に閉じこもったジュモクが固執するドラマ『天国の階段』（脚本パク・ヘギョン、演出イ・ジャンス、二〇〇三年）は、『冬のソナタ』に引き続いて、東アジアで韓ドラブームを引き起こしたラブロマンスだ。ジュモクがここでなぞる愛の希望に満ちた台詞が『天国の階段』というドラマの中で、どんな結末につながるのか――哨所で密かにドラマを見ているジュモクは、どうやら十四話までしか見ていないらしく、物語がいったいどんな終わり方をするのか心配でたまらない。そのサスペンスが彼をして、さらにこのドラマに耽溺させるのだ。

　セリは『天国の階段』の主演女優であるチェ・ジウとは友人らしいが、こうしたセンチメンタルな恋愛ものへの評価となると別のようだ。他方、ジュモクは熱心な韓ドラファンとして、韓国の事象にはドラマの視聴によって精通している韓国通である。これだけならば韓流ドラマのパロディで終わってしまうが、『愛の不時着』の面白いところは、こうした過去の韓国ドラマの遺産の引用を、自らの主題につなげて変質させる点にある。この場面でも、静粛な映像に釘付けになっているジュモクのいる哨所のそばを全力で疾走するセリが描かれており、固着と運動、過去と現在とが対照されている。

　さらに再会とは「戻ってくる」こと、すなわちどこかに帰還する営みでもあ

『天国の階段』を視聴しているジュモク

るという事実は、すぐその後の場面で、ジョンヒョクの部下の四人組のなかで一番年下のウンドンが、母親から来た手紙を涙ながらに読む場面で明らかにされる。ウンドンは貧しい農家の出で、一家の大黒柱として母と妹弟たちを支えなくてはいけないが、朝鮮の兵役は十年にも及ぶ。私たちが彼のそんな過酷な運命に同情して、軍事国家朝鮮を非難するのはたやすい。しかし『愛の不時着』は、そうした「政治的な正しさ」や、出生の偶然として資本主義者となった人びとの温情主義とは無縁である。「北の人びと」も世界中のあらゆる人間たちと同様、一枚岩ではなく、美しさと醜さ、希望と絶望、夢と現実、真情と虚偽のあわいで必死に生きている——このドラマでは、その当たり前の事実が、繰り返し、暖かいユーモアと鋭い批評眼によって描かれているのだ。その余裕あふれる深みは、ときには普遍的なヒューマニズムの輝きを放ち、ときには私たちが暮らす資本主義国家に反省を促すだろう。

現代韓国の民主化に貢献した「三八六世代」（九〇年代に三〇代、八〇年代に大学生、六〇年代生まれ）の星であったフォーク歌手、金光石《キム・グァンソク》の名曲『二等兵の手紙』（映画『ＪＳＡ』の主題歌の一つだ）を聞いたことのある人ならば、兵役で故郷を離れている青年と母親との分かちがたい絆を疑えないだろう。「再会と帰還」——ジュモクがドラマから、ウンドンが手紙から授かるこの宝物こそは、彼ら二人はもとより、セリとジョンヒョク、ダンとスンジュン、ミョンスンとマンボク……すべての登場人物が、一人で耐えるには過酷すぎて押しつぶされそうな運命に、周囲の人びとの助けを得て抗い、愛する人のもとへと戻ってくることの証しなのだ——そのことへの信頼が、このドラマを根底で支えているのではないだろうか。

コラム 비평《ケラム》 ①　韓ドラ小史

　韓国のテレビ放送開始は一九五六年で、ドラマ制作は一九六〇年代初期に始まる。最初のドラマは『国土万里』（パク・ジンマン脚本、キム・ジェホン演出、一九六三年）という高句麗の好童（ホドン）王子と楽浪（ナクラ）姫の恋愛を描いた歴史物だったが、当時は視聴者もそれほど多くなかった。七〇年代のテレビ普及とともに、李氏朝鮮第四代の世宗大王のような歴史上の英雄を主人公にした作品や、「言語の魔術師」と呼ばれて数々の傑作を生み出したキム・スヒョン脚本の『義母』のような現代物も作られるようになる。一九八〇年代にカラーテレビの普及でドラマ需要が高まると、KBS（韓国放送）、MBC（文化放送）、SBS（ソウル放送）の三大放送局が力を注ぐようになった。たとえば、一九六〇年代からの激動の時代を生きた家族の愛憎を描いた『愛と野望』（脚本キム・スヒョン、一九八七年）は七八％という視聴率を記録し「街路から人が消えた」とまで言われた。朝鮮王朝を舞台とした時代劇もまた韓ドラの定番となり、『朝鮮王朝五百年』（演出イ・ビョンフン、一九八七年）のような八年連続の大作も作成される。さらに九〇年代になるとキム・ジョンハク演出による『黎明の瞳』（一九九一年）、『砂時計』（一九九五年）のような現代史を題材にした名作が生まれ、このころから韓国ドラマは他国に輸出されて「韓流ドラマ」という名称が世界で定着した。

『宮廷女官チャングムの誓い　総集編』（販売：バップ）

　二〇〇〇年代になると、イ・ビョンフン演出の『ホジュン　宮廷医官への道』（脚本チェ・ワンギュ、一九九九年）と『宮廷女官チャングムの誓い』（脚本キム・ヨンヒョン、二〇〇三年）を代表とするような、史実よりもドラマ性を重視する「史劇」ジャンルが創出された。イ・ビョンフンはその後も、『イ・サン』（二〇〇七年）、『トンイ』（二〇一〇年）、『馬医』（二〇一二年）、『オクニョ　運命の女』（二〇一六年）といった作品で、女性や奴婢などの歴史的に虐げられた人びとが社会の不正に知恵と教育によって闘うさまを描き、多くの文化圏で支持を得た。

　二〇〇〇年代からは韓ドラが日本語圏をも席巻し、主要テレビ局がこぞって放送した。とくに『冬のソナタ』（脚本キム・ウニ、ユン・ウンギョン、演出ユン・ソクホ、二〇〇二年）や、『天国の階段』、『美しき日々』（脚本ユン・ソンヒ、演出イ・ジャンス、二〇〇一年）は、いずれもチェ・ジウ主演で多くのファンを獲得。他にも『オールイン　運命の愛』（脚本チェ・ワンギュ、演出ユ・チョリョン、カン・シンヒョ、二〇〇三年）、歴史ドラマ『チェオクの剣』（脚本ユン・ヒョンス、演出イ・ジェギュ、二〇〇三年）や、二人の絵描きの友愛を描いた『風の絵師』（脚本イ・ウニョン、演出チャン・テユ、チン・ヒョク、二〇〇八年）といった人気

『冬のソナタ』韓国KBSノーカット完全版VOL.2（販売：ソニー・ピクチャーズエンタテインメント）

作品が次々に放映された。また世宗大王を主人公とした時代劇もこの時代には多く作られ、『大王世宗』（演出キム・サンギョン、二〇〇八年）や『根の深い木』（演出ハン・ソッキュ、二〇一一年）のような大作が生まれた。

その後は定番のホームドラマや時代劇のなかでジャンルの多様化が進む。たとえばヒョンビンの出世作でもある『私の名前はキム・サムスン』（脚本キム・ドウ、演出キム・ユンチョル、二〇〇五年）のようなラブ・コメディが、これまでの女性主人公とは違って、体型や性格に正直に生きる女性の姿を描いて共感を呼んだ。歴史劇でも、三国時代の新羅第二七代王で朝鮮史上初めての女王を主人公とした『善徳女王（ソンドクヨワン）』（脚本キム・ヨンヒョン、パク・サンヨン、演出パク・ホンギュン、キム・グノン、二〇〇九年）が、徳曼（トンマン）（後の善徳）と美室（ミシル）という二人の女性リーダーの闘争を描いて、韓国社会における女性指導者の進出を証明したとも言える。また歴史物にファンタジーの要素を組み入れた作品が人気を呼ぶようになり、『トッケビ～君がくれた愛しい日々～』（脚本キム・ウンスク、演出イ・ウンボク、二〇一六年）が、その後も連綿と続くタイムトリップ・ファンタジーの嚆矢となった。

『トッケビ～君がくれた愛しい日々～』DVD-BOX1（販売：NBCユニバーサル・エンターテイメントジャパン）

情報テクノロジーの進歩に伴って、地上波だけでなくケーブルテレビでも多くの作品が放送され、ネットフリックスのようなインターネット配信サイトがオリジナル作品を制作するようになって、製作費も放映規模もこれまでとは比較にならないくらいに増大した。こうして学歴社会を揶揄した『SKYキャッスル～上流階級の妻たち～』（脚本ユ・ヒョンミ、演出チョ・ヒョンタク、二〇一八年）、外食産業を舞台とした復讐劇『梨泰院（イテウォン）クラス』（原作チョ・クァンジン、演出キム・ソンユン、二〇二〇年）、女医と夫の情事を描いた英国ドラマのリメイク『夫婦の世界』（脚本カン・ウンギョン、演出モ・ワンジ、二〇二〇年）といった、これまでの韓国ドラマの因習を打ち破るような現代物の傑作が次々と作られている。

いまや韓ドラはK-POPと並んで韓国発のグローバル・エンターテインメントの筆頭となったと言っても過言ではない。すでに半世紀あまりの蓄積がある韓国ドラマには、一方で定型的な約束事――異性の恋人たち、ハッピーエンド、若者の教育と成長、世代間の確執と協働、錯綜した筋の謎解き、舞台としての家庭、善悪二項対立など――がありながらも、他方で時代背景や人物描写、社会的関心などを横断する多様性を特徴とする。つまり韓ドラが世界中で人気を得ている要因には、何よりその柔軟性と複眼性、たとえば時代劇に現代の意匠を仮託する問題意識、シリアスとコミカルの融合、現実とファンタジーの接触、複雑なサスペンスと純化された主題の混淆といった、巧みなドラマトゥルギーが挙げられる。加えて、近年とみに映画とテレビドラマとの境界が低くなり、俳優の演技に深みと幅が加わってきたことも、韓国やアジアの生活習慣に馴染みの薄い世界の人びとにも受け入れられやすい素地を形作っていると考えられるのである。

第2話 エネルギー 에너지《エノジ》

ストーリー 개요《イェオ》

見知らぬ集落に舞い込み呆然としているセリ。彼女は、チョルガンに見つかる間一髪のところで、ジョンヒョクに家の門の中に引きいれられて危機を脱する。ジョンヒョクを懐柔して南に帰る手助けをしてもらおうとするセリは、自分がいかに韓国で有名であるかを自慢するが、ジョンヒョクは関心を示さない。国境を侵犯したセリを規則通り保衛部に引き渡せば、自分と部下たちの失態も明らかになってしまう恐れがある。兵士たちが自分を取り逃がしたことで懲罰の対象になると知ったセリは、そのことをネタに彼らを自分のペースに巻き込み、韓国に帰る方策が見つかるまで、ジョンヒョクの家に居座り保護してもらうことになる。うまく行けば、三日後に「船渡し」、つまり公海上で他国の船に引き渡してもらうことで、帰国が可能になるかもしれない。

ジョンヒョクは文化財の盗掘者たちが護送途中で事故死した経緯に疑問を抱き、平壌の予審局に調査に出向く。予審局長はチョルガンの友人で言い含められて、ジョンヒョクに罪を着せようとする。しかしその場に居合わせた政府高官コ・ミョンソクが、ジョンヒョクは総政治局長の息子であることを明らかにしたので、すぐに釈放される。

チョルガンはジョンヒョクの出自を知って、彼が留守のうちにその舎宅を調べようと、その夜「宿泊検閲」を実施する。その知らせをチョ・ピスから電話で受け取ったジョンヒョクは、ミョンソクの特別ナンバーの車を借りて急行する。ジョンヒョクの家ではキムチ倉に隠れていたセリがチョルガンに発見され、銃を突きつけられて、保衛部に連行されるところだった。村人たちが好奇の目でその様子を見ているところへ、ジョンヒョクが登場――「僕の婚約者に何のマネですか」……。

ジョンヒョクの家のキムチ倉から発見されたセリ

1 記憶 기억《キオン》

「私は帰ったらすぐ記憶喪失になる予定だから」

南に帰ったらこちらでのことは一切口外するなと言うジョンヒョクに、セリが答える。

『愛の不時着』前半の数話の見どころは、突然、村にやってきた見知らぬ女と、彼女が自慢する文化に馴染みのない人たちとの誤解や不和が、関係が深まるに従って次第に理解と友情へと育っていくさまである。家庭環境やスイス留学によって資本主義社会の様子を知っているジョンヒョクは、セリと人びととを媒介する役割を果たす。隊員たちとセリが一緒にいる場面でのジョンヒョクが、つねに少し離れた周縁部に佇んでいることが、それを示唆する。しかしセリはジョンヒョク以外には異邦人に他ならず、言語は通じるが使い方が微妙に異なるし、何より生活習慣がまったく違う。かくして問われるのは、異文化コミュニケーションの可能性なのだ。

第2話の重要なテーマはエネルギー問題である（このテーマは11話でも反復される）。ジョンヒョクがセリと部下たちのために肉を庭で焼く場面で、ウンドンが自分の村では落ち葉で火を起こすのに練炭を使うなんてすごい、と感嘆すると、ジョンヒョクは応えて、「君の故郷も近代化する日が来るさ」と声をかける。するとセリは「練炭が「近代化」ならガスは「近未来」ね」とつぶやいて、ジョンヒョクに静かに見つめられてしまう。最初の数話でのセリは、このようにエネルギーと人間生活との関係について、「先進国＝過剰開発国」の富裕階級として、利便や進歩ゆえの弊害に疑問を抱いていない。私たちは毎日意識しないで使っているかもしれないが、エネルギーとは文明の進歩や文化の違いを示す指標でもあるのだ。

ここで引用した「記憶喪失」をめぐる対話も異文化遭遇の例である。セリは興味などなかった朝鮮から離れて、すぐに韓国に帰りたいし、そうすればここでの体験など悪い夢にすぎない（実際に第2話で彼女は一瞬、すべてが揃っている自宅に戻った夢を見る）。そんなセリにとって、ここでの「記憶」は自らの実体験を否認する契機だ。否認は否定とは異なり、自分が体験したこと、その事実を知っているにもかかわらず、いやむしろ知悉しているからこそ、それを無化してしまいたいという欲望である。ここでセリが「予定」しているのも、こうした否認のメカニズムだ――自分は韓国でも有数のファションブランドの経営者であり、金銭に不自由しないセレブなのだから、ガスやシャンプーや温水シャワーといった利便なしの生活など喪失すべき記憶、すなわち否認の対象でしかないのである。

しかしそうした資本主義社会における利便は、エネルギーの過剰消費と他地域の資源収奪によって支えられていることを、このドラマは経済的文化的に優位にある人物の位置や偏見を相対化することで示す――それも声高な批判によってではなく、沈黙の視線（ジョンヒョク）や真摯なユーモア（隊員たち）、無知や思い込みに基づくズレ（婦人たち）がもたらす距離や文脈の変化によって。

「南朝鮮のドラマでは記憶喪失だらけ」

ここでもセリが「記憶喪失」に言及すると、ジュモクは「南朝鮮のドラマでは記憶喪失だらけです。資本主義社会に多い病気」と受け、さらにウンドンが「炭酸飲料の飲み過ぎが原因？」とコメントする。彼らの姿勢に共通しているのは道化の戦略、つまり正面からの批評ではなく、自分たちを周縁者の地位においてから一矢を報いる卓抜なパロディの技だ。韓ドラやコーラが当たり前の資本主義社会の人間にはできない芸当だろう。

ここで問われているのは、異文化コミュニケーションの用語でいう、会話と対話の違いとも言える。会話が同じ価値観を共有する（と想像している）人同士のおしゃべりであるとすれば、対話とは異なる、時には敵対する考えを持つ人との価値の交渉だ。前者が重視するのは同情や同一化であり、後者は対立を前提として共感や分有の発展をめざす。どんな話題でも互いを言い負かそうとするチョ・ピスとセリの応酬がそのような対立の例だが、第2話のこの場面で異文化に暮らす彼女たちの「記憶」をめぐる交換は、対話の困難さゆえの対等な人間関係への誘いとなる。そして次に論じる「ロウソク」をめぐるエピソードこそは、エネルギー問題の根幹に触れながら、セリが記憶喪失と否認の機制から離脱する第一歩を記すのである。

2 ロウソク　太《チョ》

（黙って指でロウソクの明かりを消す）

「もう見えない。心配するな。災いのあとは幸せが来るものだ。きっと何とかなる」

慣れないことばかりで弱音を吐くセリを、ジョンヒョクが思いやる。

セリは思いもかけない事故によって朝鮮に来てしまい、強がってはいたものの次々と起きる慣れない出来事に疲弊する。突然の停電に緊張の糸がとうとう切れてしまったかのように、自分の頼みを聞いてロウソクを買ってきてくれたジョンヒョクにあたる――「私が欲しかったのはアロマキャンドルで、ただのロウソクなんかじゃない」と。停電は朝鮮社会では現在でも頻繁に起きる事実だと言われているので、この場面もそのような北と南の電力事情の違いに基づいており、その背景には日本を含めた国々による経済制裁のせいで厳しい朝鮮の経済状況があると言われる。

しかしそのような巷の情報はともかくとして、停電したこの舎宅村の情景を描く場面の美しさはどうだろう？――家の中で人びとが慣れた手つきでロウソクや灯油ランプをつけていく。なかには違法だろうが、自家発電機を備えている家や自転車を漕いで電気を起こす家さえある（その場面は、韓国のジムで痩せるためにマシンを漕ぐセリの義理の姉たちの情景によって即座にパロディとして変奏されて、資本主義社会におけるエネルギーの無駄遣いが示唆される）。毎晩のように停電する朝鮮の暗い村の家々にひとつ、またひとつとロウソクの明かりがともっていく、まるで私たちの心まで暖めるように。このドラマは文明の進歩の指標であると言われるエネルギー問題を、一篇の映像詩に変えてしまうのである。その詩は私たちに次のことを教えないだろうか――エネルギー資源や電力は人びとの平和な生活のためにあるのであって、他者に犠牲を強いる過剰消費や軍事設備や経済搾取のためではない、と。

しかしながら、いきなり慣れない生活に放り込まれたセリには、そんな感想や反省に浸っている余裕はないだろう。それに周りは「知らない人」ばかりのセリにとって、不満や焦燥をぶつける相手もジョンヒョクしかいない。慣れた韓国での生活習慣との違いにセリはさすがに疲れ、停電してしまった夜にジョンヒョクの前で「まったく興味のなかった北朝鮮に来て、知らない人が見てる前で泣くハメになるなんて、イヤになる」と弱音を吐く。せっかくロウソクを買ってきてくれた彼を前に泣きだすセリ――こうしたとき普通なら、相手の人間は黙って見つめるとか、肩を抱くとか、慰めの言葉をかけるのではないだろうか？　しかしジョンヒョクは違う。毎回どの話でもジョンヒョクは私たちに意外な顔や他者への対応を見せて、私たちをさらに魅了する。ここでも彼はいきなりロウソクを指で消し、「もう見えない」というのだ、セリの「人が見てる前で」という言葉を直接の行動で消去するように。この直接さこそ、ジョンヒョクという人間の魅力であるだけでなく、このドラマが描く朝鮮の人たちの行動に私たちが惹きつけられる理由の一つではないだろうか。それは単に純真とか素朴とかではなく、過酷な条件の中で自らの人生を精一杯生きるために身につけてきた知恵の産物であり、他者と共生するための慎ましさと勇気の結果である。

ジョンヒョクのこの言葉も単なる慰めや教育的な言辞ではない。彼は他人がいま何を考えており、何を本当に必要としているかを瞬時に感受する能力に恵まれた人間である。だから見て欲しくないというセリを見えなくして、必ず何とかする、と伝えるのだ。こうしてジョンヒョクは、自分の意志ではなく朝鮮に来てしまったセリを韓国の彼女の元の居場所に、ロウソクを必要としないソウルの部屋

「もう見えない。心配するな」

にどうしたら帰すことができるのかを考え始める。こうしてロウソクというもっとも原始的なエネルギー媒体は、人と人とを根底において結びつけるメディアとなりうることが示されるのである。ロウソクが電力不足のなかで果たす役割はもちろん必要だし、生活しなくてはならない人たちにとって、窮余の策だろう。しかしジョンヒョクとセリにとって、それを指で消してしまい、真っ暗な空間をふたたび発明することこそが、二人がいずれ構築するであろう互いへの思いやりと愛に支えられた関係、そしてそれを包みこむ「家《ホーム》」を築く営みへの序曲となるのである。

3　家　집《チプ》

「家なんかないわ」

「絶景を見た人の七割が家に帰る選択をします」と言うスイスの安楽死協会の職員に対して、セリがつぶやく。

『愛の不時着』の構造上の特徴は、各話の最後に短いエピローグが置かれ、そこでそれまで起きた出来事が違った角度から描かれることで、謎解きや異化が行われることだ。同じ出来事が時間や立場を変えて見ると、まったく違った様相をもってたち現れてくる――事実とは一つではなく、見る人や解釈の立場によって多様に出現するのであり、「真実」はそのような複数の事実の間隙にある何かであるということを示唆する見事な構造的仕掛けと言える。第2話の最後に置かれるのは、セリがかつてスイスを訪れたときの情景だ。当時のセリは身体の病気ではないが、鬱病や不眠症などさまざまな心の病に苦しみ、生きる活力を失って、スイスのチューリヒにある「ディグニタス（安楽死協会）」に助けを求めてやってきた。ところが英語で応対する協会の担当者は、精神の病だけでは安楽死幇助は規則でできないので、代わりにここに来た人にはスイス観光を薦めているとパンフレットをセリに手渡す。セリは「私はわざわざスイスまで観光に来たわけじゃない」と韓国語で独り言を言い、職員がさらに英語で続けると、ふたたび韓国語でここで引いた決定的な言葉を吐くのだ。

「家《チブ》」は韓国語で自分の住処を表わす一般的な語だが、このとき人生に絶望しているセリの気持ちを考えるとき、同じ「家」でも英語で言う〝House（ハウス）〟と〝Home（ホーム）〟の差違を考えることが参考になるのではないだろうか。「ハウス」は文字通り、住む家屋、物質的な場所のことだ。それに対して「ホーム」は「故郷」と訳されることもあるように、自分の身体だけでなく精神が帰るべき場所、家族や友人や記憶や文化を含めた関係性のことである。だからたとえば「ホームレス」と言われる人びとも、たとえ住む家はなくてもさまざまな関係性の中で生きているのだから、実のところ「ハウスレス」なのである。しかしここでのセリは、韓国に物質としての家はあっても、魂の帰るべき場所がない、まさにホームレス状態にある。人はハウスレスでも、つまり物質的な窮乏状態にあっても、友人や心の余裕があれば生きていけるが、ホームレスで頼れる人も心の依りどころもなく、過去の思い出も未来の希望も失ってしまえば生きていくことができない。だからセリは、身体を病んでおらず物質的には満ち足りていても、心の空洞を埋めることができずに、スイスに死を求めてやってきた。

ところが安楽死協会の中年の穏やかそうな職員は、静かな自信を持ってスイス観光を薦める。疑わしい思いでセリもしぶしぶ山岳地帯に出かけ、風光明媚な高原から、パラグライダーたちが風に乗って自由に空を舞う風景を見つめるのだ。このような美しい情景に魅せられない人は少ないだろうが、心に闇を抱えているセリはどうか？　空を舞うパラグライダーたちをぼんやりと見つめているセリのそばに、まったくの偶然でジョンヒョクがやってきて、やはりパラグライダーを見つめる。見事な遊泳飛行に思わず、同時に声を上げる二人だが、数メートルを隔てた互いの存在を意識してはいない。二人の前には美しいスイスの山々を背景に飛ぶパラグライダーの一群、二人の背後には瀟洒なスイスの家々――この一幅の絵について語る言葉があるとすれば、「恋は互いを見つめあうが、愛は同じ方向を見る」という名言のほかにないだろう。

　彼ら二人が同じ方向のパラグライダーを驚嘆して見つめる。風という自然エネルギーだけを利用して飛翔するパラグライダーが取りむすぶ二人の出会い――この場面こそは、セリとジョンヒョクがやがて互いの中にホームを発見する前触れとなる。ジョンヒョクにとっては、このときスイスで見たパラグライダーの記憶が、第1話のセリの不時着によって蘇る。だからこそ、第1話のエピローグで、ジョンヒョクが樹上で独りごちるセリを、微笑みながら見つめる名場面も実現したのだろう。スイスというホームを目指して、七年前にすでにセリとジョンヒョクは、一六話に亘る長い旅の道のりを開始していた。「記憶喪失」で始まった第2話は、「記憶回復」への道行きを示唆して締めくくられるのである。

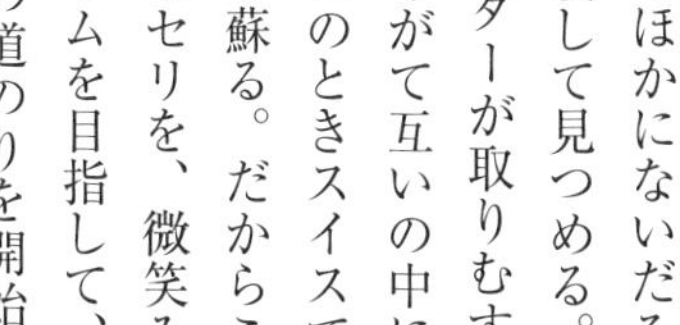

スイスでパラグライダーの飛翔を見つめる二人

コラム 비평《ケラム》② 南北分断

『愛の不時着』のなかで何度か、とくに韓国に住んでいたセリによって言及される「統一」。南に帰ってしまえば、セリがジョンヒョクや部下の隊員たち、舎宅村の女性たちと自由に会うためには、北の朝鮮民主主義人民共和国と南の大韓民国が同じ政治・社会体制を持つことが最終的な解決策となるからだ。しかし現在でも分断状況にある朝鮮半島では、統一には多くの困難が伴うだろう。もともと同じ言語や文化や歴史を共有していたとは言え、すでに七〇年以上、別々の国家体制と経済機構、軍事組織とイデオロギーによって支配されてきた両国の人民が、統一国家の実現を望んでいるのかどうか、望んでいるとしてどのような統一の形式がありうるのかは、困難な課題である。何と言っても、最大の障害は、南北両国がいまだに形式的には「戦争状態」にあることだ。

　一九五〇年六月二五日に朝鮮戦争が勃発、おもにソビエト連邦と中国の支援を受けた朝鮮民主主義人民共和国と、アメリカ合州国が主力の国連軍の支援を受けた大韓民国とのあいだで、その後三年以上にわたる戦乱が続いた。この戦争によって、数百万にのぼる人びとが犠牲となり、朝鮮半島の文化遺産の多くが灰燼に帰した。一九五三年七月二七日に板門店で休戦協定が結ばれたが、朝鮮と韓国は「交戦」状態のまま、現在に至るまで三八度線で軍事的対峙を続けている。

　南北分断を象徴する板門店にある共同警備区域は、当事者による直接監視機構である軍事停戦委員会と、第三者による間接監視機構である（スイス、スウェーデン、チェコスロバキア、ポーランドからなる）中立国監督委員会によって管理された。南北の国境には、全長二四八キロにおよぶ軍事境界線をはさんで、南北二キロずつの非武装地帯が設置されている（セリとジョンヒョクの出会いの場だ）。境界線上には幅五〇センチ、高さ五センチのコンクリートの線があって、いまだに朝鮮と韓国の警備兵が対峙している。そうした南北分断の現実を背景に、この本でも何度か言及している名作映画『JSA』（二〇〇〇年）が作られた。そこで描かれた北と南の軍人たちの交流と友情は、フィクションとは言いながら、こういったことが実際にもあったに違いない、あってほしいと考えた、朝鮮半島の統一を願う多くの人びとの共感を呼び、当時の観客動員記録を塗り替えたのである。

　二〇一八年には韓国の文在寅（ムン・ジェイン）大統領と、朝鮮の最高指導者金正恩（キム・ジョンウン）第一書記とが板門店で会談した際に、互いが軍事境界線を越えて握手したニュース映像を覚えている人も多いだろう。しかし南北分断の解消には多くの政治的社会的課題が山積しており、いまだに時折、軍事的衝突も起きる。ソビエト連邦とアメリカ合州国との冷戦状態が二〇世紀末で一応の終結を迎えた後、アジアにおける共産主義圏と資本主義圏との分断国家は、台湾と中華人民共和国以外は朝鮮半島だけである。

二〇一八年四月二七日の板門店の軍事境界線（聯合ニュース https://jp.yna.co.kr/view/JP20180504000800882）

第3話　演技　연기《ヨーンギ》

ストーリー　개요《イェオ》

ジョンヒョクの家のキムチ倉に隠れているところを「宿泊検閲」で見つかり、保衛部に連行されそうになったセリを、平壌から急遽戻ってきたジョンヒョクが自分の「婚約者」と紹介し、その場を切り抜ける。セリの身分証明書を要求する保衛部少佐チョルガンに、ジョンヒョクは彼女が諜報組織「一一課」の所属なので個人情報は機密だと言い逃れる。村の女性たちは憧れのジョンヒョクの婚約者に対して興味津々だが、一方でセリも村人たちの前でジョンヒョクに甘えて婚約者を演じる。一方、チョルガンもセリを怪しく思い、盗聴室員のマンボクに命じて、ジョンヒョクの家を盗聴させる。

　実はジョンヒョクには親同士が決めた「正式の」婚約者であるソ・ダンが居た。彼女はチェリストとしてロシアに留学していたが、平壌に帰ってくる。時を同じくして、韓国でセリの次兄ムヒョンから詐欺で大金を巻き上げ、追われる身となっていたク・スンジュンも平壌に到着する。詐欺の時効まで、捜査の手が届かない朝鮮の「避難所」で安全に生活するためだ。その手配の背後にも、「軍服を着た商売人」と自認するチョルガンがいた。

　ジョンヒョクたちの計画どおり、セリが「船渡し」によって韓国に帰国する夜がやってくる。ピスは面倒がなくなってせいせいすると言うが、ジュモクとウンドンは寂しそうで、グァンボムはジョンヒョクの身を案じる。テレホンカードを代金として船乗りに渡したジョンヒョクはセリとともに海に出て、公海上で他国籍の船との合流を目指すが、途中で警備船に止められてしまう。船倉に隠れたジョンヒョクとセリだったが、警備官はその蓋を開けろと命令。危機に陥ったジョンヒョクは、ジュモクから教わった韓国ドラマの「定石」に忠実に従って、奇策に出る……。

婚約者を演じるセリ

クリティーク 비평《ピピョン》

1 嘘 거짓말《コージンマル》

「（中隊長は）ウソはけっして言いませんから」

嘘がつけないジョンヒョクが、保衛部にどのようにセリのことを説明したかを四人組が案じている。

ジョンヒョクは自分の家のキムチ倉に隠れているところを見つかったセリを、自らの「婚約者」であるだけでなく諜報組織の「一一課」の所属であると言って、チョルガンの追及をかわす。一方、隊員たちは信頼する中隊長が、あまりに正直な性格でウソがつけないと経験から知っているので、すべてを告白してしまったのではないかと気が気でない。しかしそうした心配とは裏腹に、ジョンヒョクは即興で見事な嘘を述べたてて、捕えられそうになったセリの窮状を救う。第3話における重要なモチーフの一つは、この「嘘」をめぐる言語作用であり、それが招きよせる演技の効果である。

「すべてのクレタ島人は嘘つきだとクレタ島人が言った」という有名なパラドックスに示されるように、嘘は人間の言語において興味深い現象の一つだ。そもそも言語が現実を事後的に代替表象するメディアである以上、言葉による表現と事実の様態とのズレは避けられない。スイスの言語学者フェルナン・ド・ソシュールが確立した言語学の基本によれば、言語を含むあらゆる記号は、シニフィアン（記号のイメージである音とか色）とシニフィエ（記号の意味内容）との組み合わせによってできている。たとえば「アカ」という音を聞いたり色を目にすると、多くの私たちは「共産主義」とか「危険」

とか「止まれ」といった意味を思い浮かべるかもしれない。ここで大事なことは、シニフィエとシニフィアンとの関係が恣意的、つまり時間や空間や発話時の状況によって左右されることだ。「アカ」の例で言えば、そこからどのような意味をくみ取るかは受け取る人の知識や状態によるわけで、「アカ」は「赤」だけでなく「垢」や「銅」や「亜科」など多くの事象を指示する可能性があり、そもそも日本語を解しない人びとはまったく違った意味に受け取るかもしれない。あるいは今「ネット」と聞けば、ほとんどの人は「インターネット」を思い浮かべるだろうが、三〇年前には「網」の意味のほうが優勢だったろう。このように言語だけでなくあらゆる人間のコミュニケーションの媒体である記号の意味はかなり頼りないものであって、それは曖昧さや虚偽やごまかし、すなわち人が自分や他者に向かって、言葉や身振りによって行う演技を必然的に伴う「嘘」をはらんでいるのだ。

　さて『愛の不時着』の第3話は嘘に始まり、嘘に終わると言ってもいい。ジョンヒョクだけでなくセリも「嘘」に従って「婚約者」を演じ、人びとの前でジョンヒョクに甘えたりする。ではジョンヒョクは嘘つきなのかというと、おそらくそうではなく、他者を思いやる正直さという本質は変わらない。たとえば二人きりになるとジョンヒョクは自分の肩にもたれかけていたセリの頭を指で押しやるし、「一一課」とは何のことか説明を求めるセリにまず白湯を飲んで落ち着くように言って、危険にさらしたことを詫び、怪我はないかと聞く、本来ならば彼のせいではないはずなのに。つねに他者を案じるジョンヒョクの他

「中隊長はウソはけっして言いませんから」

者に対する真率な姿勢こそが、彼の「ウソのなさ」である。
「嘘」というモチーフは第3話のなかでさまざまな波紋を広げていく。盗聴室員であるマンボクは、今後ドラマが進行するにつれて、きわめて重要な役割を果たしていくのだが、そもそも盗聴とは「嘘」のない、聞き取られたすべてが真実であることを前提にして成り立つ所業だろう。マンボクはジョンヒョクの家で交わされる会話をすべて記録していく。たとえばジュモクとセリが『天国の階段』というフィクション・ドラマの筋について論じあっていると、それを聞いていたマンボクはそのすべてを「事実」として記録するので、彼の認識では現実と作り事とが混在してしまう。盗聴という「正直な」行為によって「嘘と真実の弁証法」とも言うべき原理が生み出され、その結果として、マンボクはセリと隊員たちとの交流に親近感を覚えていくのである。

このような嘘による現実の人間関係の改変を見事に象徴するのが、第3話最後のジョンヒョクとセリによる船倉の中での演技だ。この場面については次章で詳しく検討するとして、ここでは記憶や思い出について考えよう。過去の表象には、何らかの恣意的操作による現実からのズレが伴う。そのことを、次にジョンヒョクの「ピアノ」をめぐる過去について検討することで考察してみたい。

2 ピアノ　피《ピ》아《ア》노《ノ》

「あなたもピアノを?」

セリがジョンヒョクの本棚から見つけたピアノの楽譜について訪ねる。

ドラマ前半の見どころは、何事も自己中心で他人の評判を気にするセリが、ジョンヒョクや隊員たち、舎宅村の女性たちと出会うことで、他者に開かれていく過程である。セリは「演技」が得意で、それによって人の歓心を惹くことに長けているから、相手によって態度が変わる。それは彼女の本質と言うよりも、家族の一員として本当に認められたことがない不幸な生い立ちから来る処世術でもあるだろう。一方、ジョンヒョクは終始一貫変わらない――彼はつねに相手の気持ちや状況を気にかけながら行動する。彼は相手が大事だと言えば、その気持ちを丸ごと尊重して、そこに自分の価値判断を持ち込まない。つまり「嘘をつかない」のだが、そんな彼が演技をすると、そこに巧まざるユーモアが生まれるのだ。たとえば明日には「船渡し」によって韓国に帰るセリが、自分本位の主張をする――自分を婚約者と紹介してしまったのだから、別れた後はその破綻の原因をセリが振ったことにする。ジョンヒョクも半年は他の恋人を作ってはいけない。やつれた様子を周りに人びとに見せなくてはならない。セリがそんな理不尽な主張をしても、「なぜ大事か知らないが、そうしよう」とジョンヒョクは同意する。ジャッジすることなく、相手の気持ちに添う姿勢が彼の基本哲学なのだ。

布団に入ってもこの数日の出来事で興奮のあまり寝られないと言うセリは、隣室のジョンヒョクに話しかける――「本棚を見れば、その人の性格がわかる、あなたの本棚には暗い本が多かった」と。そして見つけたピアノの楽譜に言及すると、ジョンヒョクはセリの言葉にあらためて自分の本棚を見回してみる。そこで彼はふと表情を緩め、過去の記憶を呼び起こすのだ。前途有望なピアニストとしてスイスのバーゼル音楽院に入学し、コンサートで聴衆の喝采を浴びた思い出――兄の不測の死で朝鮮に帰国し、兄の代わりに軍人となってから封印していたピアノをめぐる記憶が、何も知らないセリの言葉によって思いがけなく蘇る……。

「不時着」したのはセリだけではなかった、ジョンヒョクも不幸な出来事が原因でピアニストとしての未来を自ら断念することで、スイスから朝鮮へと「不時着」していたのだ。そのきっかけはセリとの偶然の出会いであり、ジョンヒョクはここではまだ気が付いていないけれども、ピアノをめぐる思い出の愛しさが、セリとの偶然の遭遇を必然の再会へと変えてしまうのである。

この場面のすぐ後、チョルガンが炭鉱の地下にある盗聴室を訪れ、マンボクを呼び出す。そこでチョルガンは、マンボクが協力して殺害したリ・ムヒョクの弟がジョンヒョクであると告げる。七年前、マンボクはチョルガンの指図によって、襲われる直前の車中でのムヒョクの会話を盗聴していた――ムヒョクが自分よりもピアノの才能のある弟ジョンヒョクをスイスに留学させ、自分は父親の職業を引き継いで軍人になったこと。電話するたびにジョンヒョクはいつもそのことを謝っていたこと。そして兄のためにピアノ曲を作曲したので、朝鮮に帰ったらそれを弾いてくれると約束したこと……そう述べて、「弟のことを考えるといい気分になる」と言うのだった。そんなムヒョクを殺害する手助けをしてしまったことが、マンボクの大きな重荷となっている。ジョンヒョクの甘いと同時に悲しい思い出と、マンボクのひたすら苦痛だけをもたらす思い出――ピアノを媒介として二つの記憶が交錯していくのである。

チョルガンにジョンヒョクの家の盗聴を命じられ、家族のため、とくに勉強好きな息子のウピルの

ピアノの記憶を探るジョンヒョク

将来のために、唯々諾々と従わざるを得ないマンボク。彼は苦渋の記憶を抱えて、炭鉱の入り口から雨が降りしきる夜の闇を見つめる。同じく雨を見つめながら、ジョンヒョクも呼び起こされた甘美さと悲哀の入り混じった過去の記憶に付きまとわれている——ピアノが自分にとってどれほど大切だったか……。そんな記憶の縦糸をたどるように、朝鮮の地に雨が静かに降り続ける。かくして私たち視聴者は、第3話を貫くモチーフである「水」の連環へと誘われていくのである。

3 水　물《ムル》

「顔と手を洗え。食べるときは清潔でないと」

ジョンヒョクの家から洗濯物を盗もうとして、隊員たちにつかまった少年にジョンヒョクが教える。

『愛の不時着』の特徴は、毎話、通奏低音となるテーマを支える具体的な物や形象がエピソードの核を形成し、異なる場面や人物を通して反芻されることだ。第1話が風、第2話が電気であるとすれば、第3話のそれは水である。マンボクとジョンヒョクを過去と向き合わせた雨が記憶をめぐって二人をつなぐ一方で、追っ手を逃れて朝鮮にやってきたスンジュンには前途多難な未来をコミカルに予見させる。迎えの車のワイパーが駐車中に盗まれてしまったので、降りしきる雨の中をほとんど前が見えずに走行する車で、ようやく「避難所」へと送り届けられるからだ。

セリを守るためジョンヒョクの家にいる口実として、隊員たちが庭で「水道ポンプ」の工事をしていると、汚れた身なりの少年が物干し竿から軍服を「縄泥棒」しようとして捕まる。ここでのセリの行動に注目したい。妹が死にそうだと訴える少年をピスは相手にしないが、セリはジョンヒョクの家から食べ物や掛け物など必要なものを手早く袋に入れる。いずれ明らかにされるが、セリは財閥会長の父親が愛人に産ませた子どもで、母親や兄たちとの関係は微妙だ。幼いころ海辺で継母に見捨てられた――この原体験がセリに、お腹を空かせて兄を待っている妹に対する強い同情と正義感を呼んだのだろう。かくして初めて視聴者は単なるセレブでないセリの一面に触れるのだ。

それに呼応するジョンヒョクの行動がここでの鍵となる。食料などを少年に渡そうとするセリをピスが非難しているところに、ジョンヒョクが帰ってくる。彼は少年の存在など意に介していないかのように、グァンボムたちに「ポンプを試してみろ」と言う。そして顔と手の汚れている少年に、ここで引用した言葉をかけるのだ。普通なら、許してやるから早く食物を持っていけとか、二度と盗みなんか働くなとか説教しそうなものだが、ジョンヒョクはそんな道徳とは無縁だ。まるで対極のようだったジョンヒョクとセリに共通点が見えてくる場面とも言える。少年は市場の布で覆われた狭い空間で寝ている妹のところに走って帰り、ペットボトルの水を飲ませて、もらった食料を嬉しそうに見せる。こうして「水」は生きるものの清潔さや生命を保つ不可欠な物質として印象付けられる。

次の場面で、セリが隊員たちへの感謝として賞状授与式を行ったあとで、彼女はピスにジョンヒョクが買ってくれた韓国製のシャンプーとリンス、ボディーウォッシュを譲る。これらもすべて「水で洗う」ことに関わる物質だ。ピスはボディーウォッシュなど聞いたことも使ったこともない。第2話で「記憶喪失」について論じたところでも述べたように、『愛の不時着』の特質の一つは、異文化の遭遇を優劣ではなく、異化作用として感得させることにある。ここでも水を通して喚起されているのは、「清潔」対「不浄」、「進歩」と「後進」といった二項対立ではなく、互いの差違に対するユーモアをはらんだ交感だ。たとえばセリが「スペシャルサンクス」だと言って、行商人から買ったトマトの苗を植えた庭の片隅にジョンヒョクを連れて行く場面。いぶかしがるジョンヒョクにセリは、植物には毎日「水をやって、きれいな言葉をかけてやる」ことが大切だと言う。かくして水は動植物の生存に不可欠な要素というだけでなく、愛を育む円滑なコミュニケーションの手段ともなるのである。

　第3話のエピローグで、ジョンヒョクがセリの置き土産であるトマトの苗に言葉をかける。彼が好む十の単語、その最初は「海」であり、最後は「ピアノ」だ。その単語の連環を「耳野郎」であるマンボクが「暗号」として紙に書きとめている。「水」と「ピアノ」という二つのモチーフは、人間という演技する動物の言語作用につきまとう「嘘」を透かして見えてくる真実の象徴なのである。

　水が育む関係の可能性が、第3話の最終場面である海上のジョンヒョクとセリとの会話によっても示唆される。「もう二度と会うことはないだろうから」と名前を教えあう——ユンが北の海州の氏、リが南の全州の氏であることを自己紹介して、出身は南北が逆であったことを知る二人。この皮肉な事実は、同じ海に囲まれた朝鮮半島が南北に分断されていることの不条理を私たちに訴える。第3話最後の船倉でのキスは、そんな不条理に抵抗する「嘘」なのだ。

「顔と手を洗え」

コラム 비평《ケラム》③ 盗聴と宿泊検閲

人民軍の監視盗聴室員として働くチョン・マンボク。彼は「耳野郎」と蔑まされながら、人びとの生死に関わることから、勉強好きの息子ウピルや妻のミョンスンをめぐる心温まるエピソード、盗聴内容が文化差によって「誤解」されるといった記号論的考察を誘うものまで、ドラマでとても重要な役割を果たしている。また後の平壌のホテルでの場面では、部屋に仕掛けられた多くの盗聴器をジョンヒョクが片っ端から取り外す。朝鮮での盗聴は、どれほど事実なのだろうか？

盗聴が行われている国家や社会は、もちろん朝鮮だけではない。たとえばアメリカ合州国の諜報機関が世界中の政治的要人の通信を傍聴しているのは公然の事実であるし、エドワード・スノーデンの告発によって明らかになったように、現在ではインターネットを通じて膨大な情報が収集されている。また日本でも、公安警察が共産党関係者や「反体制的な」姿勢を疑われる人びとを盗聴している。しかし朝鮮で目立つことは、その範囲の広さと結果の重大さだ。北では盗聴は日常茶飯事であり、その結果、党の幹部が処刑されることもあるらしい。朝鮮では標的とされた一般家庭はもちろん、外国人が滞在する場所はほぼすべて盗聴されていると言われている。こうした行いの実質的な効果はともかく、盗聴に注がれる人員と費用は当然膨大なものとなり、それが軍政を中核とする国家の常として、民衆の生活を逼迫させていることは疑いないだろう。

監視社会という点から言えば、もうひとつ朝鮮で広く行われている慣行に「宿泊検閲」がある。第2話の終わり近くで、保衛部少佐のチョ・チョルガンが「脱営兵」を取り締まるために、抜き打ちの宿泊検閲を行うと言う。それに合わせて舎宅村でも、人民班長のナ・ウォルスクを中心に、各家庭の検査が行われ、韓国製の「しゃべる炊飯器」や浮気が摘発されたりする。現実の検閲ではおもに外国製の電化製品や本、ビデオなどが取り締まられるという。宿泊検閲は、自宅から離れている旅行者が登録しているかどうかを調べることで、おもに脱北者を取り締まる目的で行われる。朝鮮では旅行や引っ越しには許可が必要で、宿泊先では家主とともに集落の人民班長を訪れて確認書をもらい、交番に登録しなくてはならない。登録していないと不審者とみなされ、そういった人びとを取り締まるために、脱北者の多い国境地域では毎晩のように、突然深夜に検査が行われるという。

ドラマでは、盗聴も宿泊検閲も知らないセリが危機に陥るけれども、それは「自由」を当然のこととして享受している韓国の彼女の「無知」というより「無関心」の結果である。『愛の不時着』が優れているのは、朝鮮における人びとの生活を圧迫している監視社会の実態を、軍事社会の悪弊として告発するのではなく、耳野郎や人民班長の人間性を掘り下げることで、ユーモアと柔軟さを持って生きている生活者の視点から描いている点にある。

第3話登場の
耳野郎　귀때기
（クイッテギ）

第4話　サイン　사인《サイン》

ストーリー　개요《イエオ》

　警備艇長に船倉にいるところを発見されたジョンヒョクは、セリにキスをすることで恋人のふりをして窮地を脱するが、「船渡し」は失敗、セリはジョンヒョクの家に戻る。クイーンズ財閥の後継者に決定する株主総会までに帰国したいと焦るセリは、ジョンヒョクが寝ているあいだにパラグライダーを持ち出し、山の上から韓国に交信を試みる。しかしその電波をキャッチしたのは保衛部。後を追ってきたジョンヒョクが、急行してくるチョルガンたちに気づき、彼女を抱きかかえてパラグライダーで飛び降り、ふたたび間一髪、窮地を脱する。

　セリを疑うチョルガンは、部外者が調べてはいけない一一課にまで手を回し、彼女がその所属ではないことを突き止める。そうとは知らず、帰国の手筈が整うまでジョンヒョクの家に留まることになったセリは、「少し遠回りをするだけだ」と諦めて、隊員たちとまるで家族のような日々を過ごす。

　一方、韓国のユン家では、セリの失踪で財閥の後継者問題がふたたび浮上する。父親ジュンピョンは次兄セヒョンを指名するが、母親ジョンヨンはセリ生存の希望を捨てず、決定は時期尚早と反対する。しかし後継者の座を得たと確信するセヒョンとその妻サンアは、「セリズ・チョイス」の経営もその手中に収めようと画策する。

　朝鮮ではジョンヒョクの本物の婚約者ダンが彼の許を訪れようとやってくるが、途中でタクシーが故障し立ち往生、偶然通りかかったスンジュンの車に助けられ、舎宅まで送ってもらう。親しくなった村の女性たちと市場に出かけたセリは、セリズ・チョイスの化粧品が売られているのを発見、喜びを隠しきれない。しかし日が落ち暗くなった市場で女性たちとはぐれてしまう。そこにアロマキャンドルを掲げたジョンヒョクの姿が……。

恋人のふりをして船倉でキスする二人

クリティーク 비평《ピピョン》

1 食事 식사《シクサ》

「だから〝小食姫〟っていうあだ名まで付いた」

ジョンヒョクの家で「おこげ」にハマり、食べ続けるセリ。

このドラマを通して、セリは本当に良く食べる。朝鮮に不時着してからセリが飲食したものを思いつくままリストにしてみると――手打ち麺、焼肉、指輪菓子（ドーナツ）、じゃがいも、栗酒、おこげ、貝プルコギ、焼酎、コーヒー、豆もやしのスープ、ラーメン、ゆで卵、トウモロコシ……リストはまだまだ続く。第4話では「食べる」ことが、とくに集団で食事することが重要なモチーフとなる。ジョンヒョクの舎宅に到着した最初の晩、お腹が空いたと言うので彼がうどんを作ってくれるが、警戒したセリは、韓国の風習ではまずホストに一口食べさせると言ってジョンヒョクに毒見させようとさえする。それが次第にここでの生活に溶けこみ、周りの人びとと親しくなるに従って、セリの食欲も増進していくのだ。

引用した台詞は、おそらく生まれてこのかた「おこげ」など食べたことのないセリが、ウンドンの勧めで砂糖をつけておいしそうに食べているときのもの。食べながら、自分が韓国では小食で「三つ星レストランでも三口以上は食べない」のが通例だったと、呆然と聞いている隊員たちに滔々と語る。セリは韓国では贅沢な食事を、それも少量しか食べないことを自負しているわけだが、ここではおよそれとは対極のご飯を炊いてできた余りのおこげをお菓子として食べるという素朴な食事を甘んじて受け入れるどころか、それを喜んで食べ続けている。それは単に珍しい食物だからというだけでなく、これまで食事をともにとる人たちと打ち解けた経験の少ないセリにとって、隊員たちがそこにいることによって公共的な空間が形作られているからだろう。この場面で重要なのは、南北の食べ物の違いよりも、人にとって食事の本当の価値とは何かという問いである。

ジョンヒョクの舎宅の庭で、夜半に皆で「貝プルコギ」を食べる場面が、その問いへの一つの答えを提示する。ハマグリのような大粒の貝を藁の上に並べて、焼酎をかけ火をつける。焼きあがったところで軍手をはめた手で熱々の貝の身を食べ、貝殻に焼酎を注いで飲み干す……野性味溢れる食べ方に、「ブイヤベースしか食べたことがない」と最初はしり込みしていたセリも、貝の出汁がきいた焼酎の甘さに夢中になる。笑いの輪が広がり、夜のしじまにこの庭だけが明るい興奮を留めていくのだ。

食事というモチーフの連関において、「貝プルコギ」パーティに続くのは、韓国のユン家の食事である。大きなテーブルに正餐が並べられ、両端に父親と母親、両側に長男夫婦と次男夫婦という典型的な家父長制度的配置。誰もほとんど食べ物を口にせず、関心は財閥の後継者選びのみで、互いの足を引っ張る兄弟の罵り合いが家族の深い溝をあらわにする。貝プルコギは、手という身体の一部を互いに使うコミュニケーション、つまりサインを使った会話であり、そ

貝プルコギのパーティ

れが参加者の笑いや「しりとり」遊びに繋がる。他方でユン家の晩餐は、食事ですらなく家父長制度の儀礼に過ぎず、血のつながりはあっても利害によって分かたれた虚ろな人間関係が暴きだされるのだ。

つまり食事によってあぶり出されるのは、食べる人たちの言語や身体を媒体とするサインの意味作用である。人間以外の動物は本能に従って食べるだけなので、そうした表象の力学とは無縁であり、ましてやダイエットなどしない。例をあげれば、食事をめぐってセリと対照的なのは、ジョンヒョクの婚約者であるダンだ。留学先から久しぶりに戻った彼女の姿を見て、ダンの母親も、友人の母親もダンが痩せたと嘆く。それに対して彼女は、ロシア留学中に「豚のようになりたくないからダイエット」したと応える。そのようなダンの食事との距離は、朝鮮に帰ってきた彼女にはいまだに安心して食事をともにできる他者がいないことを示している。セリが朝鮮に来て「小食姫」ではなくなったことと比較すると、食事と人間関係との記号学的な繋がりを考えさせられる事例だろう。

食事とはたんに栄養を摂ったり、食欲を満足させる行いではない。それは人と人とのつながりを確認し、他者と自己を信じることを促すだけでなく、過去を思い出し、未来を展望するために絶好の現在の営みだ。だから食事こそは自分にとって誰が真に大切な存在なのか、誰が本当の「家族」なのかを教えてくれる機会ともなるのである。

2 家族 가족《カジョク》

「このなかで一度でもセリを家族と認めた者がいたか」

後継者をめぐる兄弟の非難の応酬のなかで、長兄セジュンが問う。

前節で論じた対照的な二つの食事風景は、「家族」の真の価値を考えるための入り口となる。ユン家の晩餐の場面が、家族とは何かを私たちに考えさせるきっかけを提供するからだ。ユン家の当主である父親ジュンピョンにとっての関心は、自分が築いてきた財閥の安定だけで、セリの失踪前に彼女を後継者に指名したのも、彼女の経営手腕を買ってのことだ。そしてセリの失踪後は、株価の暴落を怖れてすばやく後継者を決めようと、長男セジュンより次男セヒョンの方がましだと考え次男を後継者にしようとする。家父長制度では、長男が父親の財産、名誉、血筋といったすべてを引き継ぐのが慣例だから、当然のごとくセジュンは反発する。続く長男と次男のセリをめぐる言葉のやりとりは、どんな家族の中でセリが暮らさなくてはならなかったかを明らかにする。極めつきはここで引用したセジュンの「正直な」発言で、セリが婚外子、すなわちジュンピョンがジョンヨンではなく、他の女性に産ませた子どもであることが初めて明らかにされる。しかし意見を求められた母のジョンヨンは、「セリは生きてるかも」と言って、複雑なセリと継母との関係が示唆されるのだ。

セリは幼いときユン家に連れてこられたようだから、物心ついたとき自分がこの家族の一員であることを疑わなかったろう。ジョンヨンが自分の産みの母ではないことをセリが知ったのはいつのことかはわからないが、セリがこの育ての母を慕っていたことは疑いない。それは第1話で、逃走するセリが転んだ瞬間、「オンマ（お母さん）」と口にすることからも見える。ドラマの中では、五歳か六歳だろうか、幼いセリが浜辺でひとり数を数えて誰かを待っている場面が繰り返し出てくる。

ユン家の場合、財産や社会的地位ゆえに家父長制度における男子の存在は絶対であり、ジョンヨンのように財閥に嫁いだ女性にとって、二人も息子を産み育てたことは「義務」を果たしたことになる。母親にとってそんな息子たちが可愛くないはずはない。しかし夫はといえば、おそらく愛人の子であるセリを家族の中に連れてくる（もしかしたら女の子も欲しいという身勝手な理由で……）。だとしたら、ジョンヨンにとってセリは夫が自分を愛していないことのサインとして、疎ましく思われても仕方がないのかもしれない。やりきれない思いのなかでセリを遠ざけてしまったジョンヨンとセリのあいだには、当然のことながら確執が生まれる。セリが後継者に選ばれた後で、思わず「あなたなど居なくなってほしい」と言ってしまったジョンヨン——ところが本当にセリがいなくなってしまうと、彼女の存在の重さに気がつく。それが「生きていてほしい」という希望に反転するのだ。こうして不幸な妻であり母親であったジョンヨンも、血の繋がりはなくても育てた娘であるセリの失踪によって、本当の「家族」とは何かを知るのである。

ジョンヨン「セリは生きてるかも」

『愛の不時着』のなかで、「家族」の存在はさまざまに変奏されている——ジョンヒョクの家庭、父親のいないダンの家、天涯孤独なスンジュン、「一家の柱」であるウンドンと母親、マンボクとその息子ウピル、市場に住む少年とその妹……ここではしかし、そのような家族の影がなく、家柄や人の絆や友愛とは一切無縁であるチョルガンに触れておこう。チョルガンはたしかに自らの利益のためには他人の殺害も辞さない「悪人」かもしれない。しかし彼がどうして同窓の隊員であったムヒョクを殺害し、ジョンヒョクがその弟であると知ってからは、彼の家族を潰そうと執着するのか――そこには自らの手を汚すことなく清廉潔白を装う良家の人びとに対する嫉妬心だけでなく、「家」そのものへの嫌悪や敵愾心があるのではないだろうか。だからチョルガンこそは反家父長主義者にして「ホームレス」の代表であると言ってもいい。こうして「家族」という主題は、その核心である人と人とのつながりを軸として、このドラマを貫いているのだ。そして、そのような人間関係の度合いを示すのが身体、ことに「手指」によるサインである。

3 指　손가락《ソンカラク》

「感謝の気持ちをこめて私もあげたいものがある」

「貝プルコギ」パーティの翌朝、コーヒーと豆もやしのスープを作ってくれたジョンヒョクにセリが贈る指記号。

どんなドラマも人と人との関係を主題にする限りにおいて、言葉だけでなく身体による表明とその意味の解読が重要となる。とくにこの第4話で終始注目されるのは、登場人物たちの手指によるサインだ。それをセリと、そして彼女にとっては敵と言っていい真逆の存在である、チョルガンと次男の妻サンアを例に検討しよう。

セリが本当に「ジョンヒョクの婚約者で一一課の所属」であるかどうかを疑うチョルガンが、彼女のアイデンティティを確かめようとする場面で、彼はまるでセリを虫けらのごとく押しつぶそうとするかのように、右手の指をこすりあわせる。ほんの少しの指の動きだが、そこには自分の邪魔をする者は誰であろうと抹殺せずにはおかない彼の意志と執着が籠もっている。家柄や友愛とは無縁で、財力と実行力だけを信じるチョルガンの暗い意欲が、この指記号のシニフィエなのである。

それとあらゆる意味で対照的なのが、ここで引用した言葉に続くセリの指記号だ。「貝プルコギ」のパーティの後、セリは気分よく酔いつぶれてしまったのだろう、朝ジョンヒョクのベッドに寝ていると、鼻腔にコーヒーの香りが漂ってくる。セリにとっては、久しぶりの匂いだ。しかしジョンヒョクにとってはさらに久方ぶりで、スイス留学時代に使っていたコーヒーサイフォンを箪笥の上から取り出し、市場で仕入れてきたコーヒー豆を自分で炒って入念に淹れたコーヒーである。さらに二日酔いに効く豆もやしのスープまでが準備してある（ここでジョンヒョクが料理しているときの手際の良さと心のこもったもてなし方も、食事と手指の融合を示して興味深い）。こうしてセリの世話を焼いたジョンヒョクが仕事に出かけようとすると、セリが「感謝の気持ちをこめて私もあげたいものがある」と言った後で、右手の親指と人差し指を交差させて謎めいた仕草を送るのだ。

この指記号は、韓国のスターたちがコンサートなどでよく使うサインである。その意味が分からなかったジョンヒョクが、例によって韓国ドラマに詳しいジュモクに聞くと、それはハート、つまり、私のいちばん大事な心臓をあげる、という意味だと言う。たった二本の手指の動き自体はほとんど変わりがないけれども、チョルガンのそれとセリのそれとではまったく正反対の意味を持つ――一方は他者への執着、他方は他者への信頼。

このように考えると、先の場面で山の上からジョンヒョクとセリがパラグライダーで脱出する場面が脳裏に蘇ってこないだろうか？　あそこでジョンヒョクの手指はセリの髪の毛をやさしく撫で、セリの手指はジョンヒョクの身体にしっかりとしがみついて離れようとしなかった。手指は単なる身体の一部分ではなく、異文化コミュニケーションにおいて当事者の交感を支えるサインが新たな情動の次元を獲得するときの媒体となる。これまでともにさまざまな窮地を切り抜けてきた二人のあいだに自然に育まれてきた感情が、セリのハートの指記号によって、具体的な意味を獲得するのである。

同じ手指でも、セリのもう一人の天敵と言えるサンアの場合は、より露骨な他者蔑視をあらわにする。ユン家の晩餐の場面で、長男夫婦から黙るようにと言われた彼女は、皮肉をこめて、自分の口にチャックをするかのように右手の二本指で横に線を引く。そこには反省など微塵もなく、無能な長男たちに対する軽蔑だけがある。さらに敏感なサンアは、セリの部下たちとセリズ・チョイスの経営について相談に行った折に、彼らが彼女の生存を信じていることを知って、セリが朝鮮に行った可能性を状況証拠から推察する。そのときの彼女の微妙な指の動きが、鋭敏な知性と深謀遠慮に溢れた彼女の心の動きを見事に表現する。このように手指の動きは、ときには他者に対する敬意のしるしとして、ときには他者に対する軽蔑の象徴として、文化的な意味を担うサインが身体的演技によって伝達される様子を、ドラマの視聴者に人間関係の機微を含みこみながら印象付けていくのである。

ハートの指記号

コラム 비평《ケラム》④ 市場と停電

第4話の最後で、ジョンヒョクが市場で迷ったセリを探しに来て掲げる「香りのついたロウソク」。暗い中、人びとが商品を求めて忙しく行きかい、喧騒の溢れる市場の中で、ロウソクに照らされて、二人のいる空間だけが明るく静謐に浮かび上がる――互いの安否を気遣うという愛情の基本が原初的な形で示される名場面だ。このような市場は찬마단（チャンマダン）と呼ばれ、朝鮮に三百あまりあると言われる。そこでは朝鮮や中国の日常品だけでなく、中国経由で持ち込まれた韓国や日本の贅沢品も取引されているので、そこでセリズ・チョイスの化粧品が買えるというドラマの設定もあながち荒唐無稽ではないだろう。

このようなドラマの忘れがたい名場面も、朝鮮では停電が頻繁に起きるが、人びとはそれにもかかわらず日常生活を過ごしているという事実を、停電とはほぼ無縁の韓国や他国の人びとが知って考えるきっかけとする――そのような異文化コミュニケーションをめぐる交渉がなければ成り立たないだろう。『愛の不時着』では、随所で明かりをめぐって、こういった対照が使われている――電力が豊富で夜通し明るい韓国の都会と、電力が不足して庶民生活が圧迫される朝鮮の村が平行して描かれることで、単なる貧富の差や生活様式の違いだけでなく、それぞれの状況で賢明かつ懸命に生きている人びとの生き様が活写され、ドラマのインパクトが強まるのだ。

ドラマでは、中隊長に貸与される家に住んでいるジョンヒョクをはじめ、人民軍の関係者たちが住んでいるのは国境地帯の近く、おそらく開城（ケソン）近くの舎宅村という設定だろう。そこではほぼ毎晩のように停電が起きるようであるし、後の朝鮮でのエピソードにも、停電は日常茶飯事であることが描かれる。現実にも、他国の経済制裁などで朝鮮の電力不足は相当に深刻なことが伝えられている。中央政府の建物や軍事施設、基幹産業に電力が優先的に供給されるので、地方の住宅地や民間人の利用する列車用の電力は後回しにされ、平壌の高層マンションでさえもエレベーターが頻繁に止まったりするらしい。しかしそうした現実をこのドラマは想像力によって、ロマンチックなシーンに結実させるだけでなく、第4話のロウソクの明かりによる二人の市場での遭遇が典型的なように、電力不足が必ずしも不幸とは言えないことが示唆されている。優れた物語の効果の一つは、文化的背景の異なる他者を理解して寛容になるだけでなく、多くの場合偶然にすぎない自己の生活環境を顧みる契機を提供することにある。『愛の不時着』というドラマが傑出しているのも、不便さを耐え忍んで生活しながらも、そこにも人びとの等身大の現実があることに思いをいたすことによって、日常的に商品やエネルギーを、それらの生産資源や流通経路を意識することなく過剰消費している私たちに自省を促すからではないだろうか。

市場と「香りのついたロウソク」

第5話　移動　이동《イドン》

ストーリー　개요《イエオ》

夜の市場で「香りのするロウソク」を見つけ、それを点して探しに来たジョンヒョクに、「ときめいた」と言うセリ。その言葉に対しジョンヒョクは生真面目に、「混乱を防ぐために言っておくが、自分には婚約者がいる」と告げる。その意外な事実に驚くセリは、「嘘がばれたらどうするの」と言い返す。「大丈夫だ、婚約者はロシアにいるから」とジョンヒョクが答えた矢先、当の婚約者ダンが舎宅の外にいて、三人は鉢合わせに……。叔父ミョンソクの車を引き取りに来たというダンに、セリを仕事の同僚と紹介したジョンヒョクは、その車を運転してダンを平壌に送っていく。

ジョンヒョクは帰りに実家に寄り、総政治局長である父親に頼んで、ヨーロッパ遠征に行く国際陸上大会の補欠選手にセリを加え国外脱出する手筈を整える。そうとは知らずビールを飲みながら徹夜で待っていたセリは、朝帰りのジョンヒョクにくだを巻く。

韓国では生命保険員スチャンと広報チーム長のチャンシクが、アマチュア無線家が偶然に受信したセリの声を聴き、その生存を確信する。

補欠選手になりすますのに必要なパスポート取得のため、ジョンヒョクとセリは電車で平壌に向かう。ところが停電で電車が止まり、他の乗客とともに平原で野宿する羽目となる。その電車の中にはスンジュンとチョ社長もいた。チョはセヒョンと裏取引をしてスンジュンを裏切り、彼を引き渡すために平壌に連れていこうとしていたのだ。こうしてようやく到着した平壌のホテルで、セリとスンジュンは思いがけなく再会する——昔、スンジュンは財閥令嬢であるセリとの結婚をもくろんだが、セリにその下心を見破られたことがある。スンジュンは話があるとセリの手を取ってエレベーターに乗るが、閉まりかけたドアをジョンヒョクの手が押さえる……。

平壌へと向かう電車

クリティーク 비평《ピピョン》

1 線 선《ソン》

「心配しないで、線はきちんと守るから」

ジョンヒョクが自分には「女」がいるので関係を深めてはいけないと示唆したことに、セリは応える。

第4話最後の市場でのロウソクの場面は、これ以上ロマンチックな情景はないと言っていいほど美しい。恋愛を描いたあらゆる秀逸な風景がそうであるように、ここでも他の世界が後景に退いて、二人の時間だけが静かに流れる。暗い市場で、ロウソクの明かりがセリの目にきらめき、見つめ返すジョンヒョクはセリが大丈夫かどうかを確かめてから、やっと微笑む。このドラマでは伸長された時間が愛を育む。ジョンヒョクは「待つ」ことの価値を知っている人間だ。セリもジョンヒョクと出会うことで、待てること、つまり相手を信頼することを学ぶのである。

市場からの帰り道、セリはロウソクを持って探しにきたジョンヒョクの相手の心をときめかせるような行為について、「南では技術を使う」と呼ぶのだと教える。対してジョンヒョクは、自分に婚約者がいると告げるのだが、セリの気持ちを乱すのは、ジョンヒョクに婚約者がいたという事実よりも、自分が「混乱している」、つまりジョンヒョクに好意を持っていると受け取られたことだ。こうしてセリは、恋愛が「線」を越えることだというモチーフを導入する。

恋愛と線とのつながりは、次のダンとジョンヒョクとの場面で反復される。ここで注目すべきは、二人のまなざしという「線」の交錯だ。ダンと車に乗りこんだジョンヒョクは、セリが家に戻るのを目で追い、ダンの目はジョンヒョクの目線の優しさからセリへの気持ちを推察する。ダンは、七年ぶりに会ったジョンヒョクに「結婚の約束はしたけれども、私たちには欠けているものがある、それは恋愛だ」と好意をアピールするが、ジョンヒョクの答えは「努力する」。だが恋愛は「努力する」ものだろうか？　ダンとジョンヒョクという二人のまなざしは越えるべき一線としての境界ではなく、どこまでも交わらない二本の平行線なのである。

　恋愛をめぐる主題がコミカルに反復されるのが、ジョンヒョクがダンと出かけた夜に、村の女性たちがセリのところに押しかけてくる「ダラビー」の場面だ。「ダラビー」とは干し鱈を肴にビールを痛飲して、女性たちが日常の憂さを晴らす宴のこと。ダンが女性たちにジョンヒョクの婚約者であると高慢に名乗ったため、この三角関係に興味津々の彼女たちにセリは、ダンは親が決めた許嫁で自分が本物の恋人だと言いつくろう。そこで話の肴となるのはダンの性格である。セリと女性たちで、南と北で異なる悪口を教え合いながら、次々に「性悪女」「ムカつく女」「根性の腐った女」「クソ女」などと日本語字幕で紹介される南北朝鮮の誹謗中傷語の違いも傑作だが、ここで興味深いのは言葉と文化の差異をめぐる線分の力学だろう。たとえば、ダンと比較されたときに自らの優位を主張し、かつ女性たちのジョンヒョクに対する好意を回復するために、セリは「ロミオとジュリエット」を例にあげるが、朝鮮に住む彼女たちは知らないらしく「外国人」

ビール缶の「三八度線」

とか「米国の帝国主義者」といった反応しか示さない。そこで彼女が「織姫と彦星」と言うと、すぐに女性たちもうなずき「愛しているのに運命に翻弄されている」男女として、セリとジョンヒョクを認める。セリと女性たちが南北で異なる言葉と文化とのあいだに新しい線を結びつけていくことで、彼女たちのあいだに共感が育まれていくのである。

恋愛とは他者とのあいだに引かれた線を越えることだ。朝帰りしたジョンヒョクを迎えたセリは、空になったビール缶を並べた線を「三八度線」と呼び、跨ごうとするジョンヒョクに「その線を越えたら戦争が起きる」と宣言する。ここで「線」というモチーフは国境ではなく、二人の心と体の距離の問題となっている。セリに「家に帰るんだ」と言うジョンヒョクは、彼女のためにあくまでホームへの線を繋ごうとする。彼には線を越えるという選択肢はないのである。

ある地点と他の地点とを結ぶ線分――セリが飛び降りようとしていたスイスの橋も、南北を隔てる国境も、平壌へといたる鉄路も、すべて線だ。線はそれに沿って人が移動するだけではない。線を越えるには、誘惑や勇気や偶然が伴う。そして人生という線分も、時間がたてば何処かに到着する――そのことを焦点化するのが、「腕時計」と「目的地」というモチーフである。

2 腕時計　손목시계《ソンモクシゲ》

「値段は重さで決まるのに、軽すぎる」

服を買いたいがお金を持っていないセリは、質屋にブランド物の腕時計をもったいぶって預けるが、すげなく応答される。

前述したように、『愛の不時着』は異文化コミュニケーションのレッスンに満ちている。市場の質屋にセリが「世界で五個しかない」腕時計を預ける場面も、いかに金銭的価値や文化的規範が恣意的に決められるかを暴露するエピソードである。セリは美容院で、今の南風の「ざんばら」髪の代わりに朝鮮女性の典型的な髪形を選ぶよう言われ、美容院のカタログから外巻きカールの「さようなら髪」を選ぶ。「外巻きだから、さようなら髪なのね」と言うセリは、ある意味で見事な異文化解釈を施したと言えるだろう。ところが彼女は、質屋で高価な腕時計を現金と交換しようとして、異文化の壁にぶつかる。超セレブしか持っていない限定モノの腕時計なのでセリは当然のように「二万ドル」を提示する。しかしブランドなど意味を持たない質屋にとっては重さがすべてなので、秤にのせ「二万ウォン」と言い返す（二万ドルは約二四〇万円、二万ウォンは約二千円だから、その差は一二〇〇倍！）。この高級時計の特徴の一つである軽さは、ここではマイナス要素にしかならない。これは質屋や村人の「無知」を象徴する出来事ではなく、知識が生きるために必要な情報であり、ある特定の文化圏でのみ効力を持つことを明らかにする事例だ。質屋にはローカルな原則と常識に徹した正当な理由がある。一方で物の軽重は万国共通の物差しだが、他方でブランド物の知識やファッション感覚は同じ価値観を共有しない社会では通用しない。さらにここで興味深いことは、セリが女性たちの協力のもとに、しぶしぶ質屋の論理を受け入れ、朝鮮の換金経済に参加することだ。そしてジョンヒョクに頼ることなく、自ら得た現金で服を買って平壌行きの準備をする。このような協力と自律が、腕時計を死んだ時間の計測器ではなく、人の過去と現在と未来をつなぐ線分を生かす媒体とするのである。

　腕時計とその所有者との関係は、この物語の核心へと私たちを導く。腕時計を預けた際に、セリは保管箱の隣に高級腕時計を発見する。質屋によれば、預けた人は金も取りに来ず何年も音沙汰がない――この腕時計がジョンヒョクの亡兄ムヒョクの持ち物であることが次の場面で明らかにされる。チョルガンがマンボクに「ムヒョクの腕時計がなぜなかったのかな?」と、相手の心を覗き込むように尋ねる場面だ。そのときチョルガンが煙草をつけるためにすったマッチの火がマンボクに、同僚の暴力から救ってくれたムヒョクの姿、そして彼の差し伸べられた手首に嵌まっていた腕時計の記憶を蘇らせる。腕時計が導く、火による過去の召喚。それはここだけでなく、草原の野宿で焚き火を見つめるジョンヒョクが、兄の突然の死によってスイスでのピアニストとしての人生が途絶したことを思い起こす場面でも示される。そして極めつきは、マンボクがストーブの火を見つめながら、九年前にムヒョクに救われた記憶をかみしめ、その殺害に協力した自分を責めて寝床で泣く場面だろう。

火を見ることで凍っていた時が融ける。火は人の内心を映す鏡であり、それによって内心の闇が明らかになる。辛い過去を封印したいという思いは、止まらぬ時間に対する恐怖に基づく。セリが質屋に預けた腕時計が、偶然にもムヒョクの腕時計の隣に置かれることで、止まっていた死者の時間が動き始める。セリの行為は資本主義社会の論理を諦めて、朝鮮の物々交換や重さの論理に従っただけではない。はからずも彼女は自分の時間を預けることで、他者の時間を生かしたのだ。その場面の少し前に、「耳野郎」という父親の職業ゆえに子どもたちにいじめられていた息子のウピルを、セリが助け

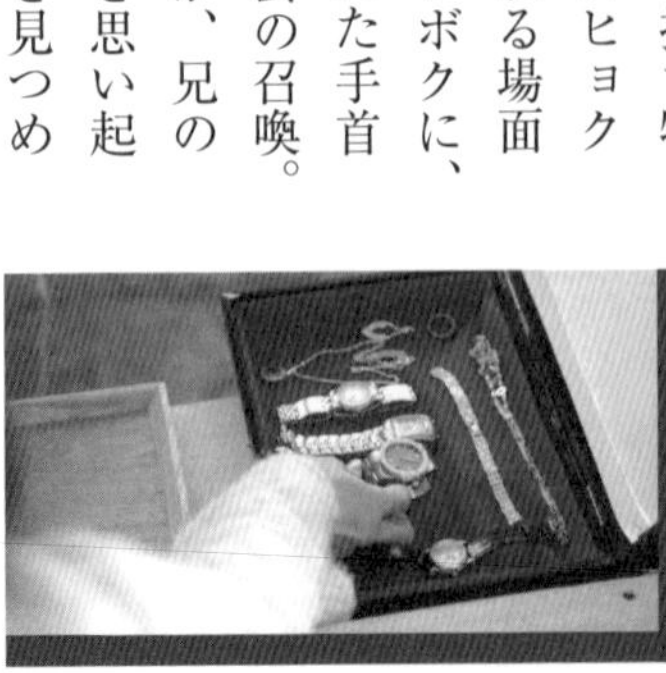
質屋に預けられたムヒョクの腕時計

る。いじめの体験を共有する父と息子を結ぶ線分として、過去の謎と将来の希望の象徴として、ムヒョクの腕時計は質屋に眠っている。やがてその腕時計が人の手に渡り、過去を証言し将来を切り開く決定的な証拠となるとき、ウピル少年は決定的な媒介となるだろう。ちょうど腕時計が時間を刻むように、物の燃える緩やかな時間が過去と現在とを線分でつなぐ。こうして持ち主を変えていく腕時計は、「目的地」へと人びとを導いていく媒体となるのである。

3 目的地　목적지《モクチョッチ》

「間違った電車が時には目的地に運ぶ」

草原で野宿した夜、「将来のことは考えない」と語るジョンヒョクにセリが言う。

『愛の不時着』のなかでもっとも印象に残る場面を一つだけ選ぶという（かなり無謀な）問いを出すと、相当数の人がこの草原での野宿の場面をあげるのでは？　モンゴル・ロケによる場面のスケールとロマンティシズム。列車から吐き出された多くの乗客が、広い草原で三々五々固まって焚き火を囲み、電車が動くまでの寒い夜を過ごしている。電車という文明社会の移動手段と、草原で夜をこすという遊牧的な生活が出会うワープした時間のなかで、セリとジョンヒョクだけでなく、周りの人びとがともに作る暖かで美しい空間が、流れる時間を濃密に押しとどめる。とりわけここで引用したセリとジョンヒョクとの焚き火を見つめながらの会話は、過去と現在とを隔てる線をまたいで、視聴者をドラマの核心へと導くのだ。

セリは停電による電車の停滞と野宿という思いがけない事態に驚き呆れながらも、見るもの聞くもの珍しく、持ち前の順応性を発揮して、他の人が乗客を相手にした物売りからトウモロコシやジャガイモを食べているのを目ざとく見つけては、ジョンヒョクに買ってきてもらう。ジョンヒョクは「食欲がないんじゃなかったのか」とあきれ口調ながらも、要求をないがしろにせず世話を焼いてくれるので、上機嫌なセリ。彼女の感謝の気持ちは、ジョンヒョクのことを「いい夫、いい父親になるだろう」と形容するところからも窺えるだろう。ところがそんなセリの発言に対し、ジョンヒョクは「将来のことは考えない、考えてた将来と違ったら悲しくなるから」と初めて内面を吐露するのだ。ここで視聴者は、ジョンヒョクのスイス留学が兄の不測の死によって中断させられた経緯を確認し、セリも彼には何か暗い過去があることを推察する。そこでセリが「インドではこう言う」と述べるのが、この含蓄に富んだ台詞である。

この章の中心主題として〈移動〉を選んだように、第5話は時空間を横断する運動の連続だ。ロシアから朝鮮に帰ってきたダン、自分の舎宅村と平壌を往復するジョンヒョク、マンボクによる過去の回顧と反省、スンジュンやセリたちの平壌行き……。すでに視聴者には明らかなように、セリにもスイスの橋から飛び降りようとした苦悩の過去があった――「私もそうだった、乗り間違いの連続」。そしてセリの新境地を示すのが、次に続く台詞だ――「でも今の私を見て。とんでもない間違いで三八度線を越えちゃった」。いったんは死を選ぶところまで追い詰められた人の泣き笑い。そしてさまざまな線を越えてきた彼女だからこそ、続く決定的な一言を放つことができるのだ――「私が去ったあとも、あなたには幸せでいてほしい」――『愛の不時着』の主張は、この一言に尽きるのではないだろうか。ドラマの中で何度も反復されるこの言葉が、忘れがたい野宿の場面で、最初にセリからジョンヒョクに向かって発せられたことを覚えておこう。自分の運命に泣き笑いするセリの懐深さと、自分本位であるように見えながら、実のところあらゆる危機においてまず他者を思いやる彼女の勘の鋭さこそが、ふたたび時間の針を動かし、私たちすべてを「目的地」に運ぶ源となるのである。

　セリの笑いに応えて、ジョンヒョクも静かに笑みを漏らす。そしてセリのその言葉に感謝するかのように、眠った彼女の背中に無言で軍服のコートをかけ、彼女の頭を自分の肩にもたせかける。人と人との関係の深まりを示す大事な動作は感染する。少し離れたところで野宿しているスンジュンが、眠りこけて自分の肩にもたれようとするチョを荒々しく跳ねのけるが、寝転がったチョに毛布を投げかけてやる――他人を騙すことが得意な彼も、人の苦難には敏感であることが示唆されるのだ。

　目的地へと繋がる道は平坦ではないし、その線分は途切れているかもしれない。しかし、待機とはトウモロコシやジャガイモのように糧となりうることを知った人たちが、間違いを怖れずに試しつづければ、必ずや過去と将来、此処《ここ》と彼方《かなた》をつなぐ「電車」が目的地へと運んでくれる――長い草原での夜が明けて、山際から陽が昇り、列車が動き始めた情景は、そんな希望に満ちた移動の風景を私たちに開示してくれるのである。

草原での野宿

コラム 비평《ケラム》⑤『ロミオとジュリエット』

第5話で舎宅村の女性たちがセリを囲んで盛りあがる「ダラビー」で、セリが言及する『ロミオとジュリエット』は、一六世紀末に英国の劇作家シェイクスピアが書いた悲劇で、古今の恋愛物語の代表とされている。男女の悲恋物語は古代からどこの文化圏にもあって、『ロミオとジュリエット』が最初ではない。しかしイタリアのヴェローナを舞台として、モンタギュー家とキャピュレット家の不仲ゆえに死を選んだ恋人たちのいきさつを描いたこの劇は、劇作術の見事さ、詩的な台詞、若者群像の描写など、創作当時から人気を集め、その後もさまざまなメディアやジャンルを横断して、多くのロミジュリ的物語を生んできた。セリもここで、思いもかけなかったダンの登場により自分とジョンヒョクとの関係の説明が複雑になった状況で、誰でもが知っているだろう作品に言及して、自分たちが愛し合っているにもかかわらず、ジョンヒョクとダンの親たちが「政略結婚」で二人の仲を裂こうとしていると弁解したのだ。

　ここで私たちが考えたいのは、『ロミオとジュリエット』と『愛の不時着』との違いである。それは男女の恋愛が成就するかしないかではなく、「恋愛」の本質に関わっている。英語で言う"Love"は、日本語でふつう「恋愛」と訳されるが、ここでの焦点は「恋」と「愛」の違いだ（韓国語では、それに対応する語に사랑（サラン）と연애（ヨーネ）があり、前者のほうが広く「愛しく思う心」、後者はより狭く「恋愛関係としての付き合い」となる）。恋は相手を独り占めしようとする自己中心的な欲望であって、それがもっとも極端な形になるとストーカー行為にもなり得る執着となる。対して愛のほうは、あくまで他者本位の感情であって、たとえ他者が自分に関心がなくても、その人を想いつづけることのできる見返りを求めない強さを持っている。だから愛はたとえ対象が亡くなっていても、あるいは実際には知らない存在でも、また相手が人間である必要もない。つまり愛するとは、相手が一人になっても生きていけるようにする、そんな他者への贈与なのである。

　このように考えると、『ロミオとジュリエット』は典型的な「恋」の物語である。彼らは自分たちの恋愛が成就するためなら世界が滅びてもかまわないと考えているし、世界からの逃避を試みる。それに対して『愛の不時着』では、ジョンヒョクもセリも、一生懸命、相手を家族のところへ、元の世界へと返そうとする。その意味で『ロミオとジュリエット』が壁に引き裂かれた典型的な悲恋物語であるとすれば、ドラマの中心に「恋」ではなく「愛」がある『愛の不時着』は、壁や分断を乗りこえようとする努力の結晶だ。だからこそ、「私が去ったあとも、あなたには幸せでいてほしい」という言葉が心に響き、恋人に限らず「愛する人を二度と失いたくない」という決意と信念がついには登場人物たちを目的地へと運ぶのである。

『ロミオとジュリエット』（フランコ・ゼッフィレルリ監督映画、1968年、パラマウントジャパン）

第6話 コミュニケーション 커뮤니케이션《コミュニケーション》

ストーリー 개요《イエオ》

平壌ホテルでスンジュンと偶然に再会したセリは、ジョンヒョクを「ボディガード」と紹介する。セリがスンジュンに頼って、韓国の家族に自分の無事を伝えてもらうと言うので、ジョンヒョクは信用のおける人物でも油断しないようにと警告する。ホテルでジョンヒョクを見たという友人の電話を受け、ダンもやってくるが、同じ部屋から出てきた二人とまたまた鉢合わせ。二度目の偶然にダンは不快感を露わにするも、家族同士で食事することをジョンヒョクに強引に提案する。チョに裏切られたことを知り屋上に逃げ出したスンジュンと、気持ちを落ち着かせようと屋上に出たダンが、これも偶然に再会し、その境遇のゆえか互いに通じるものを感じあう。

スンジュンを窮地に追い込んだのは、復讐するためにチヨを買収したセリの次兄スヒョン。ところがスンジュンはセヒョンにセリの生存を伝えることで、相手の様子をさぐり、詐欺の件を見逃してもらうことを交換条件に、セリを韓国に帰国させるなというセヒョンの要求に応じる。

一方ダンは母親とともにジョンヒョクとその両親との会食に臨み、結婚の日取りの約束を取りつける。

帰国と結婚、それぞれ別の道を行くことになるセリとジョンヒョクは、大同江《テドンガン》のレストランの窓辺の席でビールを飲み、酔ったセリは別れを惜しむ。するとそこに初雪が舞う。

セリは出立を前に、軍人たちと「最後の思い出に」と川辺でのピクニック。そんな幸せな時間の裏ではスンジュンが、チョルガンに協力を要請し、セリの足止めをはかる。チョルガンは「キープ」するのも「消す」のも同じと、殺害計画を立てる。グァンボムが運転してセリを空港へ送るジープを二台の装甲トラックが襲う。しかし襲撃を予測していたジョンヒョクが単身バイクで突入し、銃撃戦となる……。

大同江でビールを飲む二人

1 運命 운명《ウンミョン》

「私を運命の人だと思いたいの?」

出会いにおける「運命」と「偶然」の違いを確認するジョンヒョクを、からかうセリ。

『愛の不時着』のオリジナル・サウンド・トラック（ＯＳＴ）は、どの歌もメロディーも歌詞も秀逸で、何度でも聞きたくなる。なかでも一番初めに収録されている「偶然のような運命 우연인듯운명《ウヨニンドゥッウンミョン》」（作詞・作曲チョン・グヒョン、歌唱10cm）は心に残る。この曲では「偶然のように会いに来てほしい」「運命のように離れないでほしい」と歌われているが、「偶然」と「運命」を正確に区別するのは難しい。しかし私たちは、ある出来事が大事であればあるほど、それを偶然ではなく運命だと思いたい。とくにそれが大切だと思う人との出会いであれば、それを偶然として見過ごしてしまうのではなく、努力して運命にまで高めたいと思う。だからこれまでも何度か触れてきた恋と愛の違いにひきつけて言えば、恋は偶然の出会いから生まれるが、愛は出会いを運命の糸／意図にまで育てる自覚的な努力だと言えるだろう。

　ここで触れる場面でも、ジョンヒョクとセリの思いが偶然と運命の違いをめぐって交差する。最初にセリがスンジュンとの遭遇を「韓国でお見合いした相手に朝鮮で出会うなんて、相当な運命を感じる」と言う。すると、セリがスンジュンと親しそうにしていたことへの嫉妬が少しは混じっているのだろうか、ジョンヒョクは例えばと言って、「空から落ちてきた女性と自宅で再会した場合は？」と聞くと、セリがそれは「偶然」と答える。その返答に我を忘れたかのように、さっきのスンジュンとの出会いのほうが「偶然」だと言うジョンヒョク。「何を怒っているの」と尋ねるセリに、ジョンヒョクは「怒っているわけではなくて、僕はただ偶然と運命の違いを」——と、ここでのキーワード「運命」を導入する。それへの応答がここで引用した台詞だ。

セリとジョンヒョクとのペアが魅力的なのは、二人の対照的な性格と、違いを補完しあう姿勢が見事なアンサンブルを形作るからである。それは前者の饒舌と闊達、後者の寡黙と静謐といった表面的な差異に留まらず、我儘なようでいて実は相手への配慮をけっして忘れないセリの洞察力と、いったんした約束は必ず細心の努力を持って遂行するジョンヒョクの責任感とが、私たちに安心感を与えるからだ。だからこの場面のように、ときにジョンヒョクが我を忘れて抗弁して、セリにやんわりとからかわれる情景でも、性格の違いゆえに生まれる会話が絶妙なユーモアとなって私たちの中に温もりを醸しだす。ここでの「運命の人」という表現も、そのようなセリとジョンヒョクとの性格の違いゆえの信頼があるからこそ、メロドラマチックな感傷とは無縁なのである。

「偶然」と「運命」の違いを言葉の意味から考えてみると、前者は物や人だけでなく、機会や出来事が思いもかけずに降ってくるのに対して、後者は何かが意思を伴って定められるという意味合いが強い。つまり「偶然」は出来事に重点

「運命の人だと思いたいの？」

が置かれて他律的であり、「運命」は人の行動に重点があって自律的と言える。ここでジョンヒョクがセリとの出会いを「偶然ではなく運命だ」と考えたいのは、自分ではどうにもならない出来事に遭遇したときに、それを自らの責任において引き受ける態度に基づいているとも解釈できる。しかしここで面白いのは、セリに「運命の人」という表現を使われることで、ジョンヒョクにとっては、セリとの出会いという出来事が自らの意思を超えた領域へと入ってしまっていることを図らずも指摘されて、戸惑うことだ。セリの表明を受け入れてしまうと、これまで彼女に好意を感じながらも、なるべくそれを表に出さないように気をつけてきたことが明らかになってしまう。よって彼は必死に否定しようとするのだが、こうした感情の動きは言葉による否定とは裏腹に深まっていく。予定されていたセリのヨーロッパ出立による二人の別離が迫るなか、ジョンヒョクの心も動揺を隠しきれない。しかし彼は持ち前の責任感によって、セリが自分のそばにいるうちは絶対に彼女の安全を保証して無事に家に帰すことを最大の目標としている。そのために彼が努めるのが、セリに対する「まなざし」の保持である。

2 まなざし 눈《ヌン》칼《カル》

「危険だわ。私を心配してるまなざし。私を好きにならないでね」

ジョンヒョクが自分のそばで見守ることを、半分からかうセリ。

ジョンヒョクを一言で定義するとすれば、まなざす人、ということになるだろう。セリはジョンヒヨクがそうやってつねに自分を見守ってくれていることを感謝しながら戸惑いも覚え、それがここで言われているように揶揄の言葉にもなる。町でセリを見失い、ようやく見つけても不機嫌そうにするジョンヒョクにセリが「さっきからなぜ怒るの？」と聞くと、彼が答える――「君が見えないのにどうやって守れと言うんだ」。これが彼の寡黙と沈静と、そして危険を察知した際の迅速で決断に溢れた行動力の源泉である。このドラマを通して、ジョンヒョクを演じるヒョンビンの素晴らしさは、このまなざしの潜勢力、深さと細やかさに起因する。凡百の言葉よりも、透徹した彼のまなざしが相手を優しく包み、鋭く射抜き、温かく守るのだ。

やっと探し当てたセリに「僕の見える所にいてくれ」と語ったジョンヒョクは、さらに「安全だ、見えてる間は」と言う。この一連のジョンヒョクの言葉は、大切な人を守ることの本質を明らかにする。凡庸な男ならば、守ってあげたい女に対して「僕が居れば安全だ」などと言うものではないだろうか？　そこに見え隠れしているのは所有欲と自己中心主義である。ところがジョンヒョクにとって、セリは家に帰すべき人であって欲望の対象ではない。ここにこそ、セリだけでなく、あらゆる他者の自立性を尊重する彼の基本姿勢がある。

自己の視覚と他者の存在というモチーフは、第6話で頻出する。セリとジョンヒョクは平壌の繁華街として名高い大同江で、鳥のから揚げが美味しい店に入り、ビールを飲む。途中で停電となり視覚が途切れ、ロウソクが点された後で電灯がつき、セリが窓から外を見ると雪が降り始める。「雪」とセリが言うと、「見えてる」と応えるジョンヒョク。平壌の町に降る初雪を見る二人。二人の後姿を見る私たち。二人が窓に映る自分たちの姿を見ている情景を、私たちが町と雪と窓と二人という四つの形象を重ねてまなざす。恋が芽生えたらまずいと互いに言い交しながらも、セリがジョンヒョクの肩に頭をもたせかけて「幸せなの」とつぶやく――言葉と体が触れ合う暖かみを、私たちも自らのまなざしを通して共有するのである。

「見えてる間は守ってやる」というジョンヒョクの約束は「盗聴」の真逆だ。ジョンヒョクの舎宅での会話を盗聴するマンボクは、セリの声しか聞いていないので彼女を見てはいない。それでも彼らの話から二人のつながりを知り、その運命に共感していくのだ。まなざす行為は、「見る」と同時に「見られる」という相互性を存立の基盤とする。相手のまなざしに捉えられることで、自己が見えない自己に見入る。そのことによって、まなざしに伴う深い沈黙と静かな想いが、遠心と求心との境界において立ちあらわれてくる。ジョンヒョクにとってセリがいつか見えなくなるときが来る――すでに愛する者の喪失を経験している彼は、彼女をいずれは失うことの痛みが分かっているからこそ、見えている間は守ろうとするのである。

まなざしの力がさらに強調されるのが、隊員たちとセリのお別れのピクニックの場面だ。彼らはセリのために子豚をつぶして丸焼きにしようと連れてくるが、セリは「目があった動物は食べたことがない」と言って断る。見つめあえば感情が芽生えるからだ。代わりに川で魚や蟹をつかまえて鍋にし、楽しい時を過ごす。そして夕暮れ迫る河原で、ピスが「君に捧げる別れの詩」を朗読する。ピス特有の毒舌の後で、「無事に帰ってくれ。私たちを――忘れるな」と閉じられる訣別の辞が、相手が居なく

歌うセリ、まなざすジョンヒョク

なっても記憶によって想い続けられるという真理を告げる。隊員たちに促されて「私のことを思い出さないでください」とセリが歌う途中で、ジョンヒョクがやってきて離れたところから彼女を見つめる。その姿を認め、一瞬の沈黙の後、彼の見守る視線に応えるかのようにセリは続けて、「かつて幼い私の心をときめかせてくれた／あなたのその温かい／まなざしが」と歌う。声とまなざしが体現する距離が、過去の記憶と現在の想いを伝達していく。そのことをさらに如実に示すのが、肉体的接触の第一歩とも言うべき「握手」である。

3 握手　악수《アクス》

「握手じゃなくて——抱きしめてよ。最後なのに」

セリが舎宅の前から出発するとき、ここで別れようと言うジョンヒョクに頼むセリ。

第6話には予言的な「握手」が二回出てくる。一回目は、ジョンヒョクとセリがホテルの部屋から出てきたところに遭遇して不快な思いをしたダンと、チョに裏切られたスンジュンが、平壌ホテルの屋上で出会う場面。実際に二人が出会ったのは、平壌空港が最初（ダンはスンジュンのことを覚えていない）、タクシーが故障してスンジュンの車に拾われたときが二度目、この屋上での出会いが三度目だ。スンジュンは詐欺をビジネスとしているだけあって他人の気持ちを読むのはお手のもの、ダンの不快そうな様子に恋人との不和を察知する。「人はあまり追いかけるとかえって離れていくから無視した方がいい」と忠告したスンジュンは、自分の悩みの種はカネだと打ちあける。するとダンはお返しに「お金も人と同じであまり追いかけない方がいい」と投げかける。その言葉に感心したスンジュンは、「お互い勉強になるな」と笑って身なりを整え、名乗って手を差し出す。ダンも応えて名乗り、二人は握手を交わす。この場面の一つの鍵は屋上という場所にある。恋は高いところで生まれると言うが、それは高い場所に立つと人は孤独になるからかもしれない。こうして商売柄誰も信用しないスンジュンと、婚約者から温かなまなざしを受けたことのないダンとが、孤独者同士の出会いを果たすのである。

続く場面も身体の接触が鍵となる。ジョンヒョクとセリが、屋上の開かれた空間と対照をなす閉鎖的なエレベーターのなかで、先ほど引用した「危険なまなざし」をめぐって会話する。なぜセリが恋愛を話題にするのかわからないジョンヒョクは、熱があるのかとでも言うように、セリの額に手を当てる。すると彼女は「スキンシップしないでね。責任もてない」と、冗談っぽく告げる。ここでのジョンヒョクとセリの対照が興味深いのは、後者の恋の駆け引きを前者が理解できないといった表面的な理由によるだけではない。手のひらで他人の額に触れるという人の身体のごく自然な動きが、『愛の不時着』の基本主題の一つである距離や境界についての問いを喚起するからだ。先ほどのスンジュンとダンの場面では、屋上という開かれた空間で、これまで離れていた二人の気持ちが当意即妙な会話によって近づいていく様が握手によって確認されていた。このエレベーターの場面では、すでに互いへの好意を抱きながら、それを「恋」とか「好き」とか名指すことが許されないジョンヒョクとセリが身体の接触を行いながら、それを「スキンシップ」と命名することによって、心の距離を保とうとする姿勢が示されるのである。

先ほどジョンヒョクのまなざしがセリを捉えている間は安全が保たれることに触れたが、他方で人と人との距離は埋めがたく、そこに危険も生じる。このドラマにはさまざまなエージェント（媒介者）が登場する。チョルガンはその大元締めで、彼は盗掘者殺害容疑で自分を取り調べる監察局長に対し、「カネを分け合った仲ですから、家族も同然でしょう」とすごむ。スンジュンも自分の機知と弁舌で相手を信用させるエージェントであり、彼の朝鮮行きを世話したオ課長やチョ社長もそうだろう。媒介者・仲介者に共通しているのは、自分が直接、手をかけて責任を取らず、金銭と脅迫に訴えることだ。それに対してジョンヒョクは自らの人生をかけて約束を果たそうとし、セリもすべてを誰にも頼らずに自分の手で成し遂げようとする。それが埋めようのない人と人との距離を近接させ、人びとの協力を呼びこむ。カネは結局ヒトに勝てないのだ。

　そのことがはっきりするのが、二回目の握手、すなわち二人の別離の場面である。空港まで送ってくれると思っていたセリに、ジョンヒョクはここで別れようと言う（それは冷たさでも遠慮でもなく、襲撃を予想した冷静な判断であったことが後で判明する）。右手を差し出すジョンヒョクに応える台詞が、ここで引用した言葉だ。普通ならば、このセリの言葉に思いなおして抱きしめるのではないだろうか？　しかしジョンヒョクは揺るがない。手を差し出し続け、黙ってセリを見つめる。その視線の優しさと深さに、セリも涙を目に溜めながら、応えて彼の手を握る――そして私たちは知るのだ、二人のこの握手こそが本当の愛の証なのだと。

別れの握手

コラム 비평《ケラム》⑥ 初雪

セリとジョンヒョクが大同江のレストランから見た平壌の初雪。セリが言うように韓国では、初雪を一緒に見ると恋が芽生えるという言い伝えがあるらしく、初雪が降ると携帯電話のサーバーがダウンしたと言うのも、あながち嘘ではないらしい。

初雪と恋の関係の出所は諸説あるが、雪の白さと純潔さとに関係がありそうだ。古くは高麗時代の一四一八年に李氏朝鮮第三代太宗が兄の定宗に初雪を健康に効く薬として献上した話が残されている。また古来から初雪を新雪（新設）と呼ぶ習慣もあり、国をあげて新設祝賀会（新雪賀禮）を行ったという。初雪が農地を浸し土地に生命を与えると考えられたからだとされる。

韓国ドラマの中で初雪と恋の芽生えの関係を決定づけたのは、二〇〇二年に放映された『冬のソナタ』の一場面だろう。好意を抱くユジンに気持ちを打ち明けられないでいたチュンサンが、「今年は初雪が降ったら何をするの？」と聞くと、ユジンは逆に「あなたは何をするの？」と聞き返す。するとチュンサンは「湖で誰かとデートかな」とほのめかす。初雪の降った日、チュンサンが湖のほとり、二人が最初に出会った並木道で待っていると、ユジンがやってくる……。初雪と恋人というモチーフはまた『トッケビ』（二〇一六年）でも多用されており、「初雪のように君の元へ行く」というOSTが人気を得た。物語の決定的な場面にも初雪が関わっており、「トッケビ」（朝鮮半島に伝わる精霊）となって彷徨っている主人公を救うために、「初雪の時に胸に刺さった剣を抜く」「初雪の時には必ずトッケビの花嫁に会いにくる」などが物語の鍵となっている。

『愛の不時着』のなかの初雪は、これらとは少し位相が違っている。それはセリとジョンヒョクとの個人的な恋の芽生えというロマンチックな意匠を超えた普遍性をはらんだ主題を喚起するために、初雪の場面が構想されていることだ。大同江のレストランで二人が初雪の降る平壌の町を見つめる場面が、やがてソウルの夜景に変わり、初雪が降るなかで多くの若者や家族連れが、思い思いに大切なひとときを過ごしている——個々人の友愛は世界の多くの人たちの絆に支えられているのだ。またこれは第7話で明らかになることだが、実はセリとジョンヒョクは、スイスの湖で初雪の降った日に音楽を通じてすでに出会っていた。兄の死によって帰国を余儀なくされたジョンヒョクが、スイスを去る間際、湖のほとりで一人の少女の問いかけに応じて、兄のために作った曲を弾く。すると美しい音に誘われて、通りすがりの人びとが次々と立ち止まって耳を傾ける。やがて降り始めた雪を縫うようにして、ピアノの音は湖上を渡り、「生きる価値」を探していたセリの乗った船にまで届く……。このとき、初雪は恋の芽生えを促す意匠にとどまらず、あらゆる人に「生きていていい」というメッセージを伝達する媒体となるのである。

初雪のソウルと恋人たち

第7話 負担 부담《プーダム》

ストーリー 개요《イェオ》

トラック部隊の襲撃を受けたセリとヴァンボムを助けたジョンヒョクは、セリをかばい銃弾を背中に受けて意識を失う。足を撃たれて運転ができなくなり、空港に行くよう頼むヴァンボムに代わり、セリはジープを運転して、病院に急行する。病院には輸血用の血がなく、血液型が一致したセリは帰国をあきらめ輸血する。手術が成功し麻酔が効いているあいだ、セリは看病し続ける。目が覚めたジョンヒョクはセリがいることに驚き、空港に向かわなかったセリを責める。これまで聞いたことのない彼の激しい言葉を本音と思い、いたたまれなくなったセリは惨めな思いで雨の降るなか、一人病院の外に出る——そこにチューブをつけたままのジョンヒョクがやってきて、黙ってセリに口づけする。

事故の件を聞いて病院を訪ねてきたダンに、ジョンヒョクはセリに好意を持っているので、好きな人がいるまま結婚することはできないと告げる。一方、韓国では株主総会が開かれ、セリの死亡届が提出され、次兄セヒョンが後継者として選出されていた。

ジョンヒョクの行方を捜していたチョルガンらが逮捕しようと病室にやってくる。ところがそこに総政治局長の父チュンニョルがやってきたので、チョルガンはなすすべなく退散する。人びとの訪問により居づらくなったセリはスンジュンに連絡して車で迎えに来てもらい、彼の招待所に滞在することになる。スンジュンはセリに、ジョンヒョクを大切に思うのならば、これ以上迷惑をかけるべきではないと忠告する。一方、ダンもウェディングドレスを作るため、韓国の雑誌記事を見て偶然にセリが何者かを知る。そしてダンは病院に急行して、セリのためにすべてを危険にさらすのかと、ジョンヒョクに迫る……。

病院の外のセリとジョンヒョク

クリティーク 비평《ピピョン》

1 自分 내《ネ》

「私には自分の他に誰もいなかった」

ジョンヒョクが麻酔で寝ている間の、セリの独り言。

セリが今回の帰国をあきらめジョンヒョクを病院に運び、輸血も行ったおかげで手術は成功した（朝鮮の多くの病院では輸血する場合、自分で血液を用意しなくてはならないようだ）。麻酔が切れずに眠っているジョンヒョクの傍らで、セリが独白する。セリは単にジョンヒョクの行動に感謝するのでも、自分が空港に行かずに病院に残ったことに恩を売るわけでもない。ジョンヒョクを救うために帰国の機会を諦めたのだから、それが念頭にあっていいのに触れようともしない。誰かが血を提供しなければ死んでしまったのだから、仕方なかったと自分に言い聞かせることさえしない。自分がしたいようにしたことなのだからどう思われようとかまわない、でもなぜ自分がこのような行動をしたのかが分からない、その自問自答がこの独白であり、それは今回の「負担」というテーマに結びつく。

セリは眠っているジョンヒョクを相手に、「私はこういうことに慣れていない」とつぶやく。彼女はこれまで「自分」のためだけに生きてきて、「自分を守ったり捨てたりしてきた」。だから「自分の他に誰か居るのが、ぎこちなく」感じられるのだ、と。しかしジョンヒョクはつねにそんな彼女のために「全てをやってくれて、守ってくれた…。私にはあなたが居てくれた」。この独白に応えるかのように、映像はジョンヒョクが夢見ているスイスでのコンサートとその後の出立場面に移る。あとで「曲」のところでも述べるが、第7話では生命の回復と音楽とが分かちがたく結びついている。「自分の他に誰もいなかった」セリと、最愛の兄を失ったジョンヒョク――二つの過去が出会い、新しい未来が拓かれようとしているのだ。

目が覚めたジョンヒョクの関心は自分の体調ではなく、セリが無事に帰国できたかどうかだけにあるから、なぜセリがここにいるのかが理解できない。「あの計画にみんな命を懸けた」のにどこまで迷惑をかけるつもりなのか、と声を荒げる。普通なら理由を言って自己弁護するところを、セリはただ「帰れなかったのだ」、「麻酔がまだ効いているから本音がでるのね」と言って、静かに病室を去る。輸血のこと、心配して泣き続けていたことを看護士から聞いたジョンヒョクは、玄関先に一人立ちすくむセリの元にやってくる。おそらくセリにとっては、北に来て初めて居場所がなくなった瞬間ではないか？しかしそれも一瞬のことだ。やはりセリにとっての居場所はジョンヒョクであった。だから「さっきの発言は本心ではなかった」と謝る彼に、彼女は「私も一度くらいあなたを守ってあげたかった」と気持ちを語るのだ。つまり彼女も彼の居場所になりたいということだろう。セリの言葉に応えるジョンヒョクの「意味深な目」――具体的なことしか言わず、それ以外は沈黙のまなざしによって相手を見つめる彼の真骨頂だ。こうしてセリにとって生まれて初めて、「自分の他に」大切な誰かが出現する。降り続く雨以外のすべてが停止し、第

「私には自分の他に誰もいなかった」

7話にしてついに嘘でも演技でもない本物のキスシーンが生まれるのである。
普通のドラマなら、このあと二人には甘い時間が訪れるところだが、『愛の不時着』は違う。翌日、昨夜のことを回顧するセリの言葉が秀逸だ。自分たちには三つのオプションがあると言って、一は「なかったことにする」、二は「問題にしない」、三は「互いに負担をかけない」ことだ、と。他者を負担と思わないジョンヒョクは、いまひとつ違いが分からないが三を選ぶ。相手を心配すること、守ること、そばに居ること……それを負担に感じるのか、それとも本心から自分でそうしたいと思うのか――後者こそが「自分がいなくても相手に生きる力を与える」愛の本質であり、それが負担と切り離すことができない恋との違いだ。二人にとってすべては――相手のためということさえも含み――自分自身が望んで、自らの責任において行っていることなので、互いの存在が負担になることはありえない。その意味で、ここでもセリの言葉は、互いを守ることが負担ではなく、愛の明かしとなることの予言となっている。それと対照をなすのが、次に扱う「ときめき」というモチーフである。

2 ときめく 설레기《ソルレギ》

「人がときめくのは結末を知らないからだ」

結婚の日取りを決めたと言うダンに対し、スンジュンがそれは失敗だと述べ、理由を語る。

第7話には、コネや賄賂や贈り物によって社会が成り立っているという「負担」に関わる事象が頻出する。贈与は相手との交渉における負荷のかけあいであり、より多くの負担を相手に感じさせることで、事を有利に運ぼうとする戦略の一つである。たとえばジョンヒョクとの結婚を控えたダンの新居として、舎宅村の近くに「所帯家」（マンション）を探しに来たダンの母親は、村の女性たちに化粧品を贈って便宜を図ってもらう。そのあとセリを探すスンジュンと、ジョンヒョクを探すダンが、ジョンヒョクの舎宅の前で遭遇する。四度目の出会いだ。待っていてもジョンヒョクたちが帰ってこないので、温かいククス（そうめん）を食べることにした二人の会話でスンジュンが語るのが、この台詞である。

ダンは、ジョンヒョクとの結婚の日取りを決めたことで、この件で勝利を収めたと考えている。ジョンヒョクは必ず約束を守る人間であるし、結婚の約束ほど重いものは、男女間にないと彼女は思っているらしい。しかしスンジュンによれば、それはときめきが基本であるべき恋愛にとって、致命的な誤りだ。それこそ「政略結婚の弊害」なのだが、「告白」もないのに結婚という結末が分かっていれば、このまま交際を続けられるのか振られるのかといった心のときめきがなくなり、相手の心をつかむこともできないというのだ。自分の経験からしても、結婚が破談になってから、相手にときめきを覚えるようになったと、おそらく自分とセリとの顛末を思い出しながら、ダンを教え諭すのである。

ここで鍵となるのは、不安になることと「ときめき」との関係だ。スンジュンもたしかに自分の利益のために、セヒョンと交渉してセリを朝鮮に留めおこうとするが、チョルガンの協力を仰いだがために、予想とは違ってセリを危険に陥れることになってしまった。そんなセリのことが不安になって、ジョンヒョクのところにやってきたのだが、ジョンヒョクの携帯電話はセリを守った戦闘の際に壊れてしまったので連絡が取れない（セリは連絡用にジョンヒョクの電話番号をスンジュンに教えていた）。ところが同じ場所で鉢合わせたダンのほうは、心配するどころか退屈しのぎにゲームなどしている。スンジュンによれば、ときめく関係は不安や心配によって育つはずだが、どうやらダンはそれを感じていないらしい。スンジュンとダンとの関係は言語コミュニケーションを通じた教え合う関係によって育ち、セリとジョンヒョクの言葉を超えた関係と対照をなす。

不安とときめきとの関係は、他の場面でも考察できる。病院に来たジョンヒョクの父チュンニョルの「お前がしくじれば、私の首も飛ぶんだぞ」という言葉は、自分自身の地位に対する不安にもとづく。「息子はもう一人しか残っていない」というこの父親に対して、母親ユニは「たった一人の息子」と言う。ここには家父長制度の存続が第一の父親と、息子の命だけが大切な母親とのスタンスの違いがあらわだ。さらに病室にやってきたダンの母親も、娘の結婚のことにしか関心がなく、「未亡人は私一人でたくさん」と場違いな発言をする。こうした人びとにジョンヒョクは、「ご心配をおかけして申し訳ありません」と語る。そしてその後、病室にひとり残ったダンに、セリに好意を持っていることを告白するジョンヒョクに対するダンの反論は、その際たるものだ。彼女はスンジュンに教えられたままに、南に帰る人に「もう会えないと思うからときめく」のであってそれを「愛と勘違いしているだけだ」

「人がときめくのは結末を知らないからだ」

と主張するのだから。ダンはジョンヒョクの心配やときめきを説明する形でしか、自分の彼に対する思いを表現できない。ここで示されているのは、自分がときめくかどうかが大切で自己中心的な恋の言葉による強調と、たとえ南に帰っていなくなってしまっても他者を大事にすることのできる強さを持った愛の沈黙の行いとの違いではないだろうか。自分にとって負担となりうるかもしれない他者の存在を、人はどこまで沈黙のうちに守り、尊重し、愛することができるのか――この問いへの答えが一つのピアノ独奏曲にある。

3 曲 음악《ウマク》

「ちょうどその時――私に語りかけるように曲が鳴り響いた」

スイスで生きる価値を探していたセリ――湖の岸に近づいていく船に乗った彼女の耳にピアノの音が届く。

ジョンヒョクが留学先のスイスで兄のために作曲したピアノ独奏曲（実際の作曲者はナム・ヘスンとパク・サンヒ）――第7話ではそれが二回、ジョンヒョクによって演奏される。一回目は、病院で手術後、麻酔でまだ眠っている彼自身の夢のなかでの回想場面。スイスでのピアノリサイタルの直後に、兄の死が伝えられ、帰国するために湖の岸辺で船を待っていたジョンヒョクが、一人の少女の頼みに応えて弾きだすところで、彼は夢から覚め、病室に居るセリを発見する。

二度目はエピローグで、セリの回想の中にこの曲が現れる。セリは以前一度だけ聞いたことがあるこの曲のタイトルと作曲者を知りたくて、音楽に詳しい友人に尋ねるが、誰もこの曲を知らない。数年前、生きていたくないという心の悩みを抱えたセリがスイスで、誰かに慰めてもらいたいと思っていたときのこと。湖の上を静かに進む船上のセリの体の中に、ジョンヒョクが岸辺でピアノ独奏するこの曲が自然に入ってくる——「〝生きていていい〟〝必ず生きて〟そう慰めてるようだった」と。ジョンヒョクの指からセリの耳へと伝えられる曲の旋律が、語ること（oral）と聴くこと（aural）との不可思議だが必然のつながりを明らかにするのだ。ジョンヒョクが愛する兄のために留学先のスイスで作曲し、図らずもそれが兄を悼むレクイエムとなってしまった曲が、セリを生かすという逆説。病室でのジョンヒョクの夢での曲の思い出が彼の銃創からの生還を導き出し、そのことの象徴として目の前に看病し続けるセリがいる。一方、セリの回想のなかでは、生きる慰めと力を貰ったのはセリのほうだ。一つのピアノ曲が繋いだ二つの生のかたち——愛する者の非業の死が、一つの楽曲に包まれた過去の記憶と未来の希望に結晶するのである。

毎話の最後に置かれるエピローグは、次の話への橋渡しに留まらず、本編の出来事を別の視点から描くことで、私たち視聴者の記憶や印象を強化しながら修正する。最初にこのピアノ曲が紹介されるのは、第3話においてマンボクがムヒョク殺害の場面を回想するとき——ムヒョクは言う、「自分もピアノが好きだったが、弟の才能にはとうてい及ばなかった。だから自分が父を継いで軍人になったが、そのことをいつも弟は謝ってばかりいる。それで弟は自分のために歌を作ってくれて、今度帰ってきたら弾いてくれると言っている。弟のことを考えるといつも気分が良くなる」と。愛で結ばれた兄弟の絆を暴力が断ち切ったとき、軍人の兄とピアニストの弟の二つの人生が破壊された。兄の死によって帰国したジョンヒョクは、半分は兄の代わりに父親の職業を引き継ぐため、半分は兄の死の真相を探るために、ピアニストの道を捨てて職業軍人となる。スイスを去る出発の日に、湖のほとりで見知らぬ少女から声をかけられたジョンヒョクは、「もう二度とピアノを弾くこともないだろう」から、二度と会うこともないだろう他人の少女こそが「最後の聴き手」として相応しいと考え、静かにピアノの前に座る。前奏があり、しばらく間を置いた後、意を決したように旋律を弾き始める。するとピアノの向こうに遠く、一隻の船が岸辺に向かって近づいてくる……。

　少女を「最後の聴き手」に選んだはずの曲は、通りすがりの人びとの耳を打ち、そして船上の、これもまだ見知らぬ他者であったはずのセリの心に届く。いまは亡き兄と、すでに放棄された自らの未来に捧げた最後のエレジー、それが「生きていたくないけれども、死にたくはない」と考えていた一人の女性に、「必ず生きて」という励ましを与えるのだ。さらに大事なことは、セリがこの曲の旋律を耳と指でしっかりと記憶しており、それを自分でも鍵盤の上で再現できることである。単にエピソードとして頭に残っているだけでなく、身体が覚えている旋律——かくしてこの曲は、セリとジョンヒョクとを互いに意識せずに繋ぐ運命の糸となるだけでなく、他者の存在という自己にとっての究極の負担を、他者を守ることで自己が生きる価値を知る喜びへと変える——そのような稀なる音の痕跡として、何度でも繰り返し、主人公二人の心と体に、そして私たち自身の中に思い出や願いとなって蘇るのである。

「私に語りかけるように曲が鳴り響いた」

コラム 비평《ケラム》 ⑦ 家父長制度

家父長制度は、歴史上さまざまな社会や共同体で機能してきたが、それが財産継承の根拠として支配的となるのは、ヨーロッパの初期近代以降の植民地主義が跋扈した世界においてである。一五世紀末以来のヨーロッパ勢力は、植民地主義によって他地域の支配に乗り出し、軍事暴力と宗教イデオロギー、文化的偏見によって、異世界の他者を征服し権力を拡張するようになった。こうして蓄積された富が、カール・マルクスによって「原始的蓄積」と呼ばれた、資本主義的近代世界を駆動する経済機構の基礎となる。伝統的家族と近代資本との結託によって、財産と名誉と血筋、すなわち世代から世代へと引き継がれる搾取の結果を家族に留めおき、国家という大家族の収益の拡大再生産を図ることが、近代の家父長制度の目的の一つなのである。

この制度は人種や階級にもとづく差別を利用するが、なかでも重要なのはジェンダー差別で、女は基本的にこの継承権から排除される。理想的には正妻の長男がすべてを引き継ぐべきだが、家父長の判断によってそれは正妻以外の息子である場合もあるし、娘が適当な男を娶ることで家父長制度が存続する場合もある。いずれにしろ、排除される子どもたちにさまざまな禍根を残す制度でありながら、現実に今でも多くの社会で維持されているのは、それが支配層の権益維持に有効だからだ。

『愛の不時着』でも家父長制度の強大さと弊害が余すところなく描かれている。セリはジュンピョンが妻以外の女性に産ませた子で、それゆえ育ての母親ジョンヨンとセリのあいだに溝を生んだ。セリはジョンヨンを愛していたが、継母のほうでは夫の勝手なふるまいゆえにセリを受け入れることができない。また長男セジュンと次男セヒョンは、財閥の息子という出自ゆえに兄弟間で家督継承権をめぐって暗闘がくりひろげられる。

第7話で描かれるクイーンズ・グループ財閥の株主総会で、家父長ジュンピョンは、失踪したセリを捜索したが一か月たっても手がかりが得られなかったので、家族法第九〇条による死亡認定制度に従って彼女の死亡届を提出したと発表する。韓国の家族法は、現実にこうして家父長制度を維持する法律として機能している。しかしこの制度を支えるジェンダー差別によって弊害や不幸が生まれているのであるから、それに対する、とくにフェミニストたちの抵抗も大きい。文学や映画の分野では、普通の女性がいかに家父長制度の下で生きづらい思いをしているかを描いた小説『82年生まれ、キム・ジヨン』が最近ベストセラーとなり、家父長制度を維持しようとする保守派からは映画化阻止運動が起きた。もちろんこれは韓国だけの問題ではなく、日本を含めた多くの社会で、家父長制度はいまだに人びとを苦しめている。『愛の不時着』がセリの家族の実態を描き、財閥の家父長の無軌道振りを指摘する点で、この問題に肉薄していることを見逃すべきではないだろう。

セリの「死亡」を発表する家父長ジュンピョン

第8話　軌道　궤도《キド》

ストーリー　개요《イエオ》

　セリのためにすべてを失うかもしれないのに彼女をかくまうのかと迫るダンに、選択肢はないと答えるジョンヒョク。彼はセリがスンジュンの特別招待所にいると推察するが、その場所は地図上ではわからないので、電線を伝って徒歩で探し、夜中にたどり着く。護衛たちを倒すジョンヒョクに気づき外に出ようとするセリを、スンジュンは引き止める。意を決したセリはジョンヒョクと対面、英国籍をもつスンジュンと結婚し国外に出るので、もうジョンヒョクの助けは必要ないと告げる。その意思を確かめ、受け入れたジョンヒョクは、雪の降りしきる中を悄然と歩いて帰っていく。その姿を見たセリは心配でたまらず、思わず招待所の車に乗り込み追いかける。雪の中でジョンヒョクを見つけ送っていくと言うも、車はガス欠で動かない。二人は近くの学校に避難して一夜の寒さをしのぐ。

　セリの正体を疑うチョルガンは総政治局長を目の上のこぶと思っている軍事部長と会い、総政治局長を失脚させる材料にジョンヒョクとセリとの関係を使ってはどうかと進言する。軍事部長は証拠としてセリを捕らえて連れてくるよう命じる。チョルガンはセリがスンジュンの招待所にいると考え、スンジュンを脅すが、すでにセリはいなくなった後だった。

　ジョンヒョクと一緒に舎宅に戻ったセリ。クリスマス・イブの夜、彼を介抱したセリはツリーを飾る。翌日、セリはふたたび質屋をおとずれ、スンジュンからもらった結婚指輪を預け、物々交換で村の女性たちへの贈り物を買い、さらにかつてジョンヒョクが兄ムヒョクに贈った腕時計をそれとは知らずに手に入れ、ジョンヒョクへのクリスマス・プレゼントにする。プレゼントを持って家に帰るセリの前に、三人の男が拳銃を持って立ちはだかる……。

学校で一夜を過ごすセリとジョンヒョク

クリティーク 비평《ピピョン》

1 本心 진심《チェンシム》

「本心？」
「本心よ」

「スンジュンと帰国するから、もうかまわないでほしい」と言うセリ。それに対するジョンヒョクの問いとセリの答え。

このドラマの中間地点である第8話は、出来事の筋も登場人物たちの姿勢も、紆余曲折を経てきた軌道が、新たな方向を定めるターニングポイントとなる。今回のエピソードでは、実際にも比喩としてもたくさんの道が現れては消え、それを辿る人びとの気持ちが揺れ動く。そのことを示唆する場面の一つに、ジョンヒョクが病院から去ったセリの行方を探して、深夜、病院の車を借りて、ナビのスクリーンを頼りに道なき道を行くところがある。山道はどこへ繋がるとも知れず、突然途切れて、車は崖の数メートル手前で危うく止まる。気持ちが通じ合っているとしても、分断された国家の市民であり、さまざまな利害関係や人びとの思惑に囚われた二人には未知の道程が長く続いていくのではないか——そんなことを考えさせる情景だ。

スンジュンの秘密招待所が森の中を通る送電線の果てにあるのではないかと電線管理官から教えられたジョンヒョクは、電線を伝って徒歩で招待所に到達する。怪我がまだ治りきっていない体で、護衛たちと素手で闘った彼を驚いて迎えたセリに、彼がまずかける言葉は「怪我はない？」である。相手が誰であろうと、つねに他者の状態を第一に気遣うジョンヒョク。しかしそんなジョンヒョクにセリは、スンジュンに言われたとおりのことを告げる――「スンジュンと結婚して帰国する。もう私たちは会わないようにしよう」と。「もうプロポーズも受けた」という彼女の左手の薬指にはダイヤの指輪が嵌まっている。スンジュンのセリへの説得に嘘はなく、彼はたしかに事実を述べている――「これ以上君たち二人が接触すれば、彼を危険にさらすだけだ。万が一にも好きならば、消えてやれ」と。この言葉はたしかに「本当」だが、その心にあるのは「真実」ではなく企みと野望である。彼はセリに対して芽生えた自分の恋愛感情も、セヒョンと交渉して詐欺罪を見逃してもらう魂胆も、セリに明かしはしないのだから。

それに対してセリは、スンジュンの言葉をそのままジョンヒョクに繰り返して伝えるけれども、心が言葉を裏切ってしまう。ここで引用した台詞の「本心」は韓国語では文字通り「真心」、つまり「真実の気持ち」という意味である。セリはジョンヒョクに「もう会わないでいよう」が本心だと告げながら、涙を流している。その彼女の目をぬぐって、ジョンヒョクは言う――「分かったから――泣かないで」と。普通ならば、「これだけしているのに何でそんなことを言うのか」と恨みとか悲しみ、失意や非難の言葉があって不思議ではないが、ジョンヒョクには目の前のセリの涙をぬぐうことだけが大切なのだ。言葉ではなく、存在がすべて――彼はそれ以上セリの「本心」を詮索することなく、雪の中をひとり歩いて帰っていく。

「分かったから――
泣かないで」

ここでふたたび「軌道」をめぐるセリの選択が行われるのだ。「心配で仕方がない」と言うセリは、招待所の車で追いかける。森の中の一本道、それはジョンヒョクに繋がる。「送るだけだから誤解しないで。さっき言ったことに嘘はない」というセリを、ただ静かに抱きしめるジョンヒョク。車のライトに照らされ、雪が降りしきる森の路で、二人の姿だけが世界を輝かせるのである。

この後の学校での場面でも、こうした言葉の要らない「本心」のありようが描かれる。外は雪が降りしきり、がらんとした教室のストーブに薪をくべて、二人は寒さを凌ぐ。疲労のあまり座ったまま眠ってしまったジョンヒョクの頭を優しく自分の肩にもたせかけるセリ——停電で汽車が止まり、草原で野宿した一夜の役割を交換して再現する場面だ。すると眠っているジョンヒョクの脳裏に、兄ムヒョクに送られてスイスに向かったときの情景がよみがえる——兄に腕時計を贈るジョンヒョクと、その背景に流れるピアノ曲「兄のための歌」。しかしこの曲は単なるBGMではない。セリは頭だけでなく体でこの旋律を覚えているからこそ、触れあっているジョンヒョクの身体内部にこの音楽が鳴り出すのだ。これこそ、「真心」が歌となって、二人の道を結ぶ瞬間ではなくてなんだろうか？　そしてその軌道の先にあるもの、それは相手を「心配」する思いやりである。

2 心配 걱정《コクチョン》

「私は——娘が心配なのよ」

ジョンヒョクとの関係を心配して、母親ミョンウンがダンに言う。

第8話における身体的接触の鍵の一つとして、指輪がある。セリが韓国に帰国するための手段としての「書類上の偽装結婚」とは言いながら、「本当ではダメ?」と聞くスンジュンによってプロポーズが行われ、セリの指に婚約指輪が嵌められる。招待所にやってきたジョンヒョクに対してセリは、スンジュンの説得に従って、これ以上ジョンヒョクに迷惑をかけまいと追い返すときに、彼女は左手の薬指に嵌められたその指輪を示す。さらに、学校で二人が夜を過ごしたとき、眠っているジョンヒョクの体を包む彼女の指にも指輪があるが、すでにそれは婚約という意味を失い、ジョンヒョクを想う真心によって凌駕されているのだ（ましてこの指輪は、あっけなく質屋で交換されて、ジョンヒョクの腕に嵌める腕時計へと変換される）。

ここで相克しているのは、触れあう手と手によって伝達される本当の気持ちと、世俗の慣習に基づいて贈られた婚約指輪が示す偽装された結びつきであり、そのとき表明される真実の鍵となるモチーフが「心配」である。このドラマにおける自己の存在価値は、他者に対する心配の度合いによって測られると言っても過言ではない。セリとジョンヒョクは学校の教室でストーブの火を見つめながら、自分たちのおかれた状況について言葉を交わす。「自分のおかげでジョンヒョクの結婚がだめになるのでは」と言うセリに、彼は「僕の結婚のことが心配?」と聞く。それにセリは、「あなたの人生が心配なの。あなたの人生が台無しになってしまいそうで」と応える。セリとジョンヒョクはいつでも互いの心配ばかりしている。それこそが、なかなか自分自身の利益やプライドへの拘りから脱却できないスンジュンやダンとの最大の違いである。

母親と娘との絆の深さを示すのもこの「心配」であり、ここで引用した台詞が語られる場面がそのことを示している。ミョンウンは娘の婚約者であるジョンヒョクの事情を探るために、彼の留守中に舎宅を訪れ、そこで中隊長の帰宅の準備をしている四人の隊員たちにご馳走をふるまう。一番口の軽そうなピスを標的に選んで酒を飲み交わした彼女は、ジョンヒョクとセリとの出会いに始まるさまざまな出来事を聞き出すことに成功する。しかし深酒がたたり、翌朝になると残っているのは自分の腕に書かれた暗号めいた断片的なメモだけで、大事なことは何一つ思い出せない。娘のダンが「何を知りたいの？」と聞く、その答えがここで引用した台詞である。

ミョンウンは娘の手を握り、改まったように語る――「私は――娘が婚約者とうまくいっているか知りたいの。娘が心配なのよ」と。ミョンウンはたしかにコミカルな役柄で、ときおり英語の単語を交えながら饒舌にしゃべるし、派手な服装や化粧から自己顕示欲の強い人物であることがわかる。しかし彼女が憎めないのは、その言葉や行動にまったく嘘がないからだ。未亡人でありながら平壌で百貨店を経営する実業家として自立し、他人の心をつかむ技術に長けているし、何より娘の幸せを真摯に思う気持ちは疑いようがない。この場面でも、娘の手を握る左手の薬指には、立派な指輪が嵌まっている――しかしここで私たちの心に訴えるのは、富裕層と婚姻制度の象徴である指輪の派手さではなく、彼女の言葉の質素な真実なのだ。

このドラマには多くの印象的な母親が登場し、彼女たちそれぞれが固有の困難を抱えながらも、子

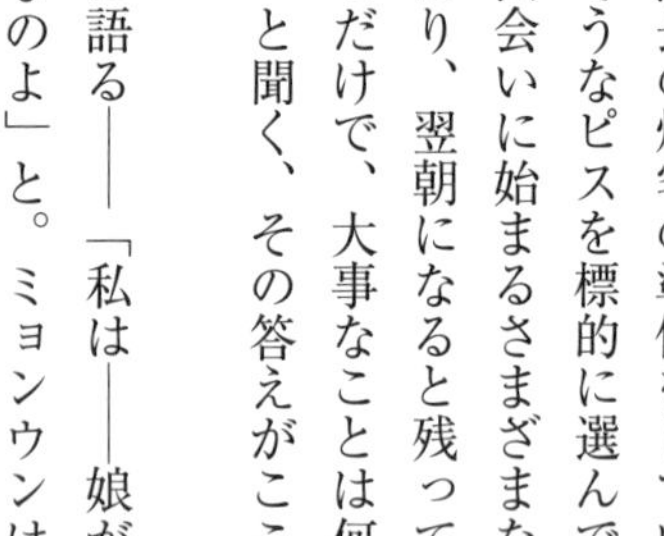

「娘が心配なのよ」

どもたちへの愛情において傑出している。ミョンウンとダン、ジョンヨンとセリ、ユニとジョンヒョク――それぞれの母親が、ともすれば社会的立場のゆえに子どもに真摯に向き合うことができない父親を相対化し補完することによって、家父長制度や財閥支配や軍事主義の暴力を逆照射する。そしてもうひとり、この三組とは違って庶民の家族の妻にして母親であるミョンスンがいる。彼女はマンボクの妻として「耳野郎」と蔑まれながら上官からの命令を遂行せざるを得ない夫を支え、勉強が好きで成績も優秀な一人息子のウピルを大事にしている。そんな一人の女性の「心配」が「人生」とは何かという、このドラマの核心にある問いの一つへと私たちを導くのである。

3 人生 인생《インセン》

「そんな人生は――不幸すぎないか？」

マンボクがムヒョクの殺害に加担した自分の過去を顧みて、妻にもらす。

先ほども述べたように、第8話はこの一六話からなるドラマのターニングポイントであり、長い道程のなかで人びとがこれまでの人生を反省し、これからの生き方を展望する契機となる通過地点である。なかでも主題においても物語においても重要なのが、マンボクの「転向」だ。

前項で触れたセリとジョンヒョクとの学校での一夜。触れ合ったセリとジョンヒョクの身体の暖かさに招きよせられ、ジョンヒョクの夢の中に現れたムヒョクの姿は、同じ夜、雪の降る自宅の外の軒下で、ひとり酒を飲んでいるマンボクにも訪れていた。そこにロウソクを点してやってきたミョンスンが夫の体を気遣いながら、「夜中に深酒しないで」と言う。「心配で来たのか？　気にせず寝ろ」と応えるマンボク。ここにふたたび「心配」が登場するのだが、ミョンスンは夫の気持ちを察して、心配する主体を転換して「心配なの？　中隊長のことが」と問うのだ。

ミョンスンにはどうして夫がこうして深夜、酒に頼らなくてはならないのかがよく解っている。マンボクが忘れようとしても忘れられない、ムヒョクのこと。「あなたは国の命令に従っただけでしょ。結果にまで責任を感じることはないわ」と彼女は言うが、彼が殺人に加担したことに変わりはない。しかもその人は、自分を助けてくれた恩人であり、かけがえのない友人だったのだ。ここでマンボクは、ジョンヒョクがムヒョクの弟であることを妻に告げ知らせる。そして、彼の口から決定的な転回の言葉が語られるのだ――「弟まで死なせてしまったら――俺は生きていけない／恩人を死に追いやり／俺を人間扱いしない人間に忠誠を誓うなんて」。これまで「耳野郎」として、他人の言葉を盗み聴き記録し報告することしかしてこなかった者が、ついに自分自身の「人生」について自らの言葉で真心を語る瞬間――「そんな人生は――不幸すぎないか？」と。大事なことはこの言葉が独り言ではなく、ミョンスンという聞き手がいることだ。語りは聴かれることで真実となる。彼女の両手が無言で夫の左手を取り、二人の目に静かに涙が溢れる。深夜の教室でセリとジョンヒョクとのあいだで語られたお互いの人生への不安、それが結婚して十年になる誠実でつましい夫婦の結ばれた手によって、過去への反省を伴いながらも、新たな人生行路への指針として静かに蘇るのである。

翌日マンボクは、ジョンヒョクが舎宅に帰ってきたのを盗聴して確認しながらも、チョルガンには彼がまだ帰っていないと報告する。おそらく彼が初めて吐いた嘘だろう。それは事実とは異なるかもしれないが、彼の真心を告げる言葉なのだ。かくして第8話は、ふたたび言葉の嘘と気持ちの真実との確執をめぐる展開によって幕を閉じる。村の女性たちと連れ立って、婚約指輪を質屋に持っていき、ジョンヒョクへのクリスマス・プレゼントを手に入れ、幸せそうに舎宅に戻るセリ。しかし「人生では何が起きるか、わからない」というセリの言葉どおり、その贈り物は届かない。代わりにジョンヒョクへと届くのは、携帯電話の声だけだ。「スンジュンと急に帰国することになったから、挨拶できずにごめんなさい」――見知らぬ男たちに銃を突きつけられながら語る彼女の言葉は、すべて強いられた嘘である。しかし涙を流して語る言葉に秘められた心は真相を告げる。だからジョンヒョクは電話を握りしめて外に飛び出すのだ、「ダメだ、挨拶は必要だ。どうしても挨拶したいから、場所を言って。遠くてもいい、すぐに行くから」と。応えるセリの言葉から嘘が消える――「末永く幸せに。私との思い出は全部忘れて――幸せに暮らしてね。愛してる《サランヘヨ》」。そして受話器に響く一発の銃声。瞬き一つしないジョンヒョクの目から涙がこぼれて頬を伝い、流れる〝Flower〟(歌唱ユン・ミレ)――「私の心配はいつもあなただけ…咲いて散るのが束の間でも…その瞬間もあなたと一緒にいる」。一方に「不幸すぎ」る人生から脱け出そうとする夫婦がいて、他方に愛する男に「幸せ」な人生を願って去る女がいる。人生の軌道は曲折して計り知れないのである。

「そんな人生は――不幸すぎないか?」

コラム 비평《ケラム》⑧ 質屋

『愛の不時着』では舎宅村の市場にある質屋が、ドラマの進行や主題において重要な仲介役となる。朝鮮には多くの質屋があり、市民の経済生活を支えていると言われる。第5話でセリが自分の腕時計を預けたとき、重い革のベルトの方が軽い腕時計よりも値段が高いというのは演出だろうが、ポイントは実態よりもドラマとしてのリアリティにある。質屋の論理に従えば、重いものは頑丈に作られて耐久性があり品物としての価値が高く、誰も買わない希少品は金銭的価値があっても実用的な交換価値はない。日常生活が国家によって統制され、公私の活動時間が画一的に決められている土地で、個人が腕時計を所有する必要はほとんどないだろう。さらにこのドラマで描かれるように、質屋は村の女性たちの社会的交流の場でもある。セリを助けて交渉に当たる彼女たちの闊達な様子は、質屋の役割が単に経済的なものだけではないことを示す。

第8話での質草である婚約指輪の価値は主人も分かるらしいが、それに見合う現金はない。売るのなら「革のジャンパーとか髪の毛」、「着るものとか食べるものにしてくれ」。価値あるものとは実用性のあるもの——それが真の意味での「経世済民」、つまり人びとの福祉に見合うからだ。

現物交換となり、セリが貴金属品の並べられた小箱を見ると、以前も見つけた男物の高級腕時計がある。注意深い視聴者なら気がつくだろうが、その腕時計の隣には、以前セリが預けた超ブランド腕時計がある。預けたときセリは「売らないでください。すぐ取りに来るから」と言っていたが、今はまったく関心を示さず、ジョンヒョクへの贈り物のことしか考えない。

この腕時計の循環がドラマの鍵を握る。ジョンヒョクがコンクールの賞金で買った兄ムヒョクへの贈り物であるこの時計には、実はチョルガンの犯罪データが隠されている。そのことをおそらくマンボクの盗聴によって知ったのだろう、チョルガンもムヒョクの殺害後、八方手を尽くしたが見つからなかった。質屋によれば「金も受け取らず預けたまま——何年も取りに来ない」時計を預けたのは誰か？ 仮説だが、ムヒョク自身が念のため預けたのではないだろうか？ 彼も殺されるとは思っていなかったろうが、盗聴の可能性は考えていたはずだから、身近に置いておけば危険だと思ったのだろう。質屋に預けておけば、自分が取りに来られると考えていたが、殺されてしまい引き取り手のいなくなった腕時計。それが何年も経って、指輪との交換でセリに渡る。質屋に死蔵されていた腕時計は、異なる社会通念を持つセリによって流通し始める（そもそも朝鮮の人びとにとってクリスマスは意味を持たない）。女性たちとジョンヒョクにセリが抱く好意は、朝鮮の質屋の経済論理と結合して、分断された国家機構の壁を崩すのだ。同じことがスンジュンの指輪をめぐっても起こり、そこでも質屋が仲介役を果たすのだが、これについては最終話を待たなくてはならない。

質屋と指輪

第9話 リプレイ 리플레이《リプレイ》

ストーリー 개요《イエオ》

拉致された車の中からの「愛してる」というセリの最後の言葉と銃声を電話越しに聞いたジョンヒョクがなすすべなく舎宅に戻ると、セリを捕らえに来たチョルガンが居てジョンヒョクを挑発する。セリを心配するジョンヒョクは感情を抑えきれず、チョルガンに殴りかかり逮捕される。しかし同時にセリを拉致したのがチョルガンではないと察し、営倉で面会したダンの様子から、自分の父チュンニョルの仕業と推察する。

セリの拉致を目撃していたウピルは、セリが落とした小箱を拾い父親に渡す。中を見てマンボクはすぐにそれがムヒョクの時計であると悟る。ジョンヒョクは部下たちに自分が総政治局長の息子との噂を広めるよう頼み、聞きつけた村の女性たちは大騒ぎとなる。妻からそれを聞いたキム・リョンへ大佐は即座に営倉に赴き、ジョンヒョクを釈放させる。

自分を拉致したチュンニョルをダンの父親と勘違いしたセリは、帰国への助力を頼むが断られる。ジョンヒョクの母ユニはセリの息子への想いを知って好意を抱く。家に戻ったジョンヒョクは父親にセリを殺したのかと迫り、セリもこれ以上ジョンヒョクに迷惑をかけられないと隠れるが、ユニがセリをジョンヒョクの前に連れ出し、二人の愛情が明らかとなる。

セリがチュンニョルのところに居ると踏んだチョルガンは、総政治局長の失脚を目論む軍事部長とともに家に乗り込むが、すでにセリはジョンヒョクたちと非武装地帯に出発した後だった。彼らは国境勤務に戻してもらうことで、セリを帰国させる計画なのだ。夜通し三八度線へ向けて歩いたジョンヒョクとセリに別れのときがくる。軍事境界線を前で立ち止まるジョンヒョクを置いて、セリは南へと歩みだす……。

父母の前のセリとジョンヒョク

クリティーク 비평《ピピョン》

1 思い出 생각《センガク》

「気分のよくなることを思い出すのよ」

拉致されたセリが自分を励まそうとつぶやく独り言。

『愛の不時着』というドラマの構成上の特徴は、同様のモチーフが人物や状況を変えて反復される「再現《リプレイ》」の構造にある。ときにそれは主題の進展や深化を示し、またときにパロディや異化の効果も持つ。とくに第9話では、人が自らの過去を回想し、他人の過去を想起することによる「思い出」の創出が、随所で出来事の進行を休止させながらも促進させるというリプレイが頻出する。

まず冒頭、第8話の最終場面が、今度はセリの立場から反芻される——拉致した男たちに強制されて、電話でジョンヒョクに別れを告げる情況。私たちはすでに8話の最後で同じ場面をジョンヒョクの立場から経験しており、その折の彼の反応をよく覚えているからこそ、セリの立場からのリプレイを通して、ジョンヒョクの絶望とセリの悲痛が携帯電話の波動を通して出会う時空を再帰的に反芻することができるのである。

ドラマでは同じ内容の台詞が人物や状況や意味合いを変えて発話されることで、物語に複層性がもたらされる。たとえばジョンヒョクを逮捕するチョルガンの言葉、「人生は高く上る時も深く沈む時もある」は、第1話においてセリがパラグライダーに試乗する前に自身のクイーンズ財閥継承をほのめかして「ずっと上にのぼる」と述べた台詞の変奏ともなっている。

　過去の想起がもっとも直截な形で再演《リプレイ》されるのは、人の情動を喚起する「思い出」が共有される場合である。拉致されてトラックで運ばれていくセリは、「しっかりしなくちゃ」と自らを鼓舞し「気分がよくなることを思い出す」。そして、そのすべてが自分の面倒をみてくれた「リ・ジョンヒョク」（LJ）のことなのだ。「麺をゆでるLJ」「アロマキャンドルとロウソクを区別できないLJ」「区別できるようになったLJ」「水を飲みにいく途中布団をかけてくれたLJ」「いつも大変なのに〝大丈夫だ〟と強がるLJ」「ヒーローでもないのに…大口をたたくLJ」。こうして私たちもこれまで共有してきた二人の数々の名場面を再経験するのだ。セリが幌に開いた穴から夜空を眺めているとき、ジョンヒョクも独房の窓から同じ夜空を眺めている。セリが思い出す「気分がよくなること」はジョンヒョクの「思い出」でもある。セリの饒舌とジョンヒョクの沈黙とは、ここでも対照をなしながら見事に融合して、私たちの共感を引き寄せる。セリがジョンヒョクとの思い出を数え上げたあとで幌の隙間から見上げる夜空に輝く星が彼女に「会いたい」と言わせる。人が過去を思い出すとは、このような再創造、未来への希なる望みを懸ける真摯な営みであって、凡庸なノスタルジーではない。モチーフや情景の再演は芸術の常道だが、『愛の不時着』はこの常道に従いながらも、リプレイが単なる反復ではなく新たな創造にほかならないことを教えるのである。

　ジョンヒョクの父チュンニョルの家に幽閉されたセリは、母ユニの好意で屋

ジョンヒョクのピアノを弾くセリ

根裏部屋からジョンヒョクの部屋へと移される。眠れぬままセリはアルバムを見つけて、ジョンヒョクの子どもの頃の写真や絵日記を眺める。そこにはピアニストになるという彼の夢が綴られていて、それに触発されたかのようにセリは部屋にあったピアノで「兄のための歌」を弾く。第9話ではこのピアノ曲の再演奏がもっとも重要なリプレイの瞬間を記すことになるのだが、その前に、ダンがジョンヒョクとの「なれ初め」を思い出してスンジュンに語る場面が挿入される。彼女は一七歳のとき、同じ学校に通っていたジョンヒョクに魅かれて、それ以来、彼のことを想い続けていた。偶然にも政略結婚で彼と婚約したダンはスイスまで会いに行くが、彼女のことを覚えていないジョンヒョクは「はじめまして」と握手する。思い出は共有されることで愛に育つのだが、ダンの思い出は孤独を深めるだけなのだ。そして第9話のクライマックスをなすのは、スイスでのピアノ演奏の再現であるが、これについては次の「地獄」の項で検討しよう。

2 地獄 지옥《ジオク》

「彼女を守れないと——僕の人生は地獄になります」

セリをどうしたのかと父親チュンニョルに迫るジョンヒョクの叫び。

「地獄」の反対は何かと聞かれると、ほとんどの人が「天国」と答えるだろう。これは概念としては正しいかもしれないが、人の経験としては的外れである。ジョンヒョクは総政治局長の息子という立場を利用して営倉から釈放されることに成功する。しかしこともあろうに自分の父親がセリを拉致したことを察知し、家に急遽戻ってきたジョンヒョクは、ここで引用した言葉を父親にぶつける。そのとき彼の念頭にあるのは、不幸の再現こそが地獄を招来するという事実だ。「二度はイヤなんです」と父に語るジョンヒョクは、ムヒョクのことを思い出させて「後悔の苦痛は知ってますよね」と叫ぶ。過去がリプレイされることを防ぐこと、二度と後悔しないこと、それが地獄を再発させず、現在に新しい生命と安心をもたらす。だから、その言葉を物陰でセリとともに聞いていたユニが姿を現して、「息をしなさい、もう大丈夫よ」と言ってセリを押し出すのだ。肉体の命をもたらす存在としてのセリ――ジョンヒョクにとっては彼女が生きていること、その安全、その姿が自分の目に見えることこそが、地獄の反対なのである。

第9話ではもう一つの「地獄」が描かれる。それはセリの母ジョンヨンの言葉――「私の人生はあなたのおかげで地獄なのに」に起因する。この場面そのものは次項の「お母さん」のところで検討するとして、おそらくこの母親の言葉がセリのスイス行きのきっかけとなったのだろう。そして彼女がスイスの湖上で聞いたピアノ曲、これこそが第9話でもっとも重要なリプレイを実現するのである。

ジョンヒョクが自宅に戻ってきて、父母が息子とセリとの絆を認めざるを得なくなった日の夜、それはセリがジョンヒョクの部屋で寝かせてもらった二晩めだが、ジョンヒョク自身がセリのもとに訪ねてくる。するとジョンヒョクは、昨晩ピアノを弾いたのかとセリに聞き、セリは「不安で眠れなかったから」と答える。ここからのピアノをめぐる、おそらく最初は二人ともそれほど重きを置いていなかった会話が、スイスでの決定的な出会いを再現することになるのだ。「ピアニストになりたかったの」と聞くセリが、「この曲を知っている？」と、昨夜自分がジョンヒョクのピアノで弾いた曲をもう一度弾いてみせる。驚くジョンヒョクにセリが、スイスで聴いたのだ、そこは「雪景色のきれいな湖だった／なんて名前だっけ」と思い出そうすると、即座にジョンヒョクが「イゼルトヴァルト」と彼女の思い出に答えを与える。そしてセリの隣に座って弾き始めるのだ――「兄のために作った曲の――最初で最後の演奏をあの湖でしたんだ」と言いながら。「最初で最後の演奏」が今にしてふたたび演じられる、これを奇跡と呼ばずして、なんと呼ぼうか……。

続くセリの記憶――「あの時、本気で死のうとしたわ／景色のいい場所に行って、誰にも迷惑をかけずに消えようとしたの」。かくして偶然に聴いた一つのピアノ曲が、地獄からセリを救い出したのだ。「あなたは――気づかないうちに――私を助けてくれた」。二度目の救助――パラグライダーの事故からの救助は、やはり偶然ではなく運命であり、再現は互いにとって「夢」の実現にほかならなかったのである。

しかしここからの場面が、けっしてメロドラマや単純なラブロマンスに陥ることがない『愛の不時着』というドラマの特徴をよく示している。セリの言葉を黙って聞いていたジョンヒョクは、しばらくしてようやく口を開き、「よく聞いて」と静かに語る。普通ならここで気の効いたことを言って抱きしめるとか、二人で過去の思い出に浸るとか、そんなセンチメンタルな場面が続きそうなものだが、ジョンヒョクの対応はここでも独特だ。意外なことに、彼は「明日――君は家に帰る」と告げる。セ

スイスでのピアノ演奏の再演

リを家に帰す、このこと以外にジョンヒョクの愛を証明する行いはない。再現《リプレイ》とは、過去の思い出を過去のままにとどめておくのではなく、未来への希望につなげる営みなのである。かくして私たちは誰にも「帰る」べき家があるという認識から、そこで待っている「母親」というモチーフへと導かれていくのだ。

3 お母さん　엄마《オンマ》

「でも帰ったらお母さんに会えるでしょ」

帰国するセリを非武装地帯まで送ってきた隊員たち。母親を想うウンドンがセリに言う。

『愛の不時着』の重要なモチーフの一つに、母と子が互いを思う心情がある。第9話でもダン、ジョンヒョク、セリそれぞれの母が重要な役割を果たすだけでなく、実際には登場しなかったり回想されたりする母親像が深い印象を刻む。

隊員たちとセリは帰国のために非武装地帯に入るが、そこには戦争の傷跡として、古い家屋や時間の止まった壁掛け時計、色あせた家族写真がうち捨てられている。セリたちはまるで時から取り残されたような一軒の家で休憩する。甕の上には壊れた器があり、それは「ジョンハン水（祈りのための水）」を入れておくものだという。ピスの説明によると「戦争に出た息子がいたようだ。俺たちは絶対にその器に触らない。母親の心が——分かるからな」。母親と戦場に行った息子の心情が五〇年以上の時を経てつながる。ジュモクの「帰ったらお母さんが喜ぶでしょう」という優しい言葉にも、「どうかしら」と同意できないセリ。そして息子を戦争で亡くした母親への言及が、次のウンドンの母親と、さらにはセリの母親への展開を導くのだ。

まず喚起されるのは、山河という自然の母だ。ジュモクが遠くに見える山はソウルの北漢山《プッカン》だと教えると、こんなに近いのと驚くセリに、ウンドンが言う――「こんなに近いのに、セリさんとはもう会えませんよね」と。ほんのしばらくともに過ごしただけなのに、血のつながりのないセリと四人組の隊員たちのあいだに育った友情、それは家族のような感情だろう。さらにウンドンが「でも帰ったらお母さんに会えるでしょ。羨ましいです」と言うと、セリは正直に「私は母とあまり親しくないの」と応える。ウンドンが除隊して母親と会えるまで、あと「九年七ヵ月」もあると教えられたセリは、「お母さんに会いたい?」と彼に聞く。ウンドンの母親を心配し、幼い弟たちを気遣う気持ちがセリに共有されることが、セリとジョンヨンとの場面の伏線となるのだ。セリが「元気に過ごしてね」と別れの言葉を述べ、「もしかしたら突然、統一するかも」と付け加える。こういうときだ、『愛の不時着』がパロディや異化を通り越して、静かな抗議と希なる望みを誘引するのは。戦争は生活を破壊し、母と子や兄妹のあいだを引き裂き、青春の一〇年間を人殺しの訓練に捧げさせ、友人のあいだに壁を作る。ピスが更なる名言を吐く――「馬鹿なこと言わないで、元気でな。今度また来たら本当に埋めてやるから、山でも、川でも」。セリも復唱する、「好きにして、山でも川でも」と。韻を踏んだ「山でも川でも《サニドカニド》」が、引き裂かれた民を包む自然の風景の中で、母なる祖国統一への願いを伝えるのである。

この母なる山河への憧憬の後で、以前のセリとジョンヨンの場面が回想される。ジョンヨンはセリズ・チョイスの上場のことを知って、思いとどまるようにとセリに言いに来たのだった。「魂胆はわかっているわよ。兄さんたちより有能だと父親に認められたいのよね」と言い放つ母親に、セリが驚いて「お母さん」と声をかけると、ジョンヨンは「〝お母さん〟?」と切り捨て、さらに「あなたが欲張らなければ私たちの関係は良くなる。実の親子みたいにね」と言葉を重ねる。セリはそれに対して「欲じゃなく私の夢です」と言うのだ。

ピアニストになるのがジョンヒョクの夢だったとすると、セリの夢は実業家として成功することだった。しかし彼女の本当の夢は事業を繁栄させて父親の後継者として認められることではなく、「お母さん」に愛されることだったのではないか? しかしその気持ちを裏切って、ジョンヨンはセリを「地獄」に落としてしまった。今、セリの居ない部屋でそのときのことを思い出しているジョンヨンは、セリの机の上に、あの日、クリスマスツリーの前にたたずむ自分をセリがひそかに撮った写真が飾られているのを発見する(セリがジョンヒョクの部屋で彼の子どもの頃の写真を見つけたエピソードの再現である)。この母親の後悔と改心という転機を経て、第9話はセリとジョンヒョクとの南方限界線での別離へといたる。「そばにいなくても、君が寂しくないように——いつも思ってる」——セリとの別れに際してのジョンヒョクの言葉こそは、「母」の愛の本質ではないだろうか。

「でも帰ったら
お母さんに会える
でしょ」

コラム 비평《ケラム》 ⑨ 朝鮮戦争

「お母さん」の項で触れたように、第9話には非武装地帯という朝鮮戦争の遺構における悲劇の痕跡が刻まれている。アジア太平洋戦争は一九四五年八月の日本軍の降伏によって終結し、一九一〇年以来、日本の植民地として数々の辛酸を嘗めてきた朝鮮半島も解放の日を迎える。しかしそれは朝鮮の人びとにとって新たな苦難の始まりだった。朝鮮半島では米ソ対立の下で、一九四八年八月一五日に南部に大韓民国が、九月九日に北部に朝鮮民主主義人民共和国が建国された。南北の軍事バランスは、当初ソビエト連邦と一九四九年建国の中華人民共和国の支援を受けた北側が優勢で、一九五〇年六月二五日に金日成率いる軍隊が「赤化統一」をめざして侵攻を開始し、朝鮮戦争が勃発した。対する南側は、韓国に駐留していたアメリカ合州国軍を主力とする国連派遣軍の支援を受け、その後三年以上にわたる戦乱が続いた。日本も直接の軍事関与は少なかったが、日本本土と沖縄にあるアメリカ合州国の軍事基地が重要な役割を果たしただけでなく、「朝鮮特需」と言われたように、第二次世界大戦の敗戦国であった日本の戦後の経済復興は、朝鮮戦争なしではありえなかった。

開戦当初は、朝鮮軍が釜山まで侵攻するほど優勢であったが、アメリカ軍の仁川上陸によって形勢が逆転、今度は韓国軍が中国国境まで押し寄せるにいたって中国共産党軍が参戦、その後、北と南の軍隊が北緯三八度線を往復して互いの領土を破壊しあい、ときには家族・親戚同士が相戦う悲惨な戦闘が継続した。アメリカ合州国司令官マッカーサーの進言で、原子爆弾さえ使われる危険さえあったと言われる。この戦争によって、数百万にのぼる人びとが犠牲となり、朝鮮半島の文化遺産の多くが灰燼に帰した。一九五三年七月二七日に板門店で休戦協定が結ばれ、朝鮮と韓国は「交戦」状態のまま、現在に至るまで北緯三八度線で軍事的対峙を続けている。ジョンヒョクが南方限界線の一歩手前で「ここからは一歩も越えられない」とセリに言うのも、朝鮮戦争の休戦がもたらした南北分断状況の永続化のゆえである。

二〇一八年の南北首脳会談の共同宣言（板門店宣言）にて、韓国の文在寅と北朝鮮の金正恩の両首脳が、年内に終戦宣言を出すとの方針を表明したが、国際連合によれば、休戦協定は国連総会で採択されたものであり、南北朝鮮のいずれかが破棄できるものではないとされている。二〇二〇年の七〇周年記念式典において、文在寅大統領は戦争終結と南北統一に言及し、次のように述べた――「南と北、民族が経験した戦争の悲劇が後世に共通の記憶として伝えられ、平和を切り開く力になることを祈ります。統一を語るには、まず平和を成し遂げるべきで、平和が長く続いた末に、ようやく統一の扉を見ることができます」。

軍事境界線「ここからは一歩も越えられない」

第10話　願い　소원《ソーウォン》

ストーリー　개요《イエオ》

　韓国に帰ったセリは自らの遺影が飾られた「セリズ・チョイス」の本社に颯爽と登場、人びとを驚かせる。さらにサンアの画策でクイーンズ・グループへの吸収を決定しようとしていた役員会にも乗り込んで、指揮権を取り返す。母ジョンヨンとも再会したセリは、彼女に対する恨みを解こうとせず、厳しい言葉を投げつける。一方、舎宅村の女性たちはセリが書き残した手紙によって事の真相を知り、セリを懐かしむ。

　朝鮮のジョンヒョクはマンボクから兄ムヒョクとの出会いと、その死の真相を聞かされる。ムヒョクが残していたチョルガンの犯罪記録を証拠として軍事裁判が開かれ、チョルガンは無期限の労働教化刑の判決を受ける。しかし連行されるときチョルガンは、ジョンヒョクに「見落としていることがあるぞ」という捨て台詞を残す。実は武装車両を製作する秘密工場がもう一つあって、そこから出撃した武装車によって、チョルガンを護送する車が襲撃される。逃亡したチョルガンはジョンヒョクに電話をかけ、これからセリを殺しに南に行くので追いかけて来いと脅す。

　特別招待所に居られなくなったスンジュンはホテルで不審者として逮捕されそうなところをダンに救われる。スンジュンはダンに、自分がジョンヒョクとセリを救った顛末を話し、ダンにジョンヒョクを諦めるようにと説く。

　韓国に潜入したチョルガンはセリの会社に警備員として雇われる。ジョンヒョクもチョルガンを追ってソウルに到着、その夜、眠れないまま外に出たセリの前に姿を現わす。朝鮮ではジョンヒョクを連れ戻すようにとのチュンニョルの命令で、部下四人とマンボクが集められ、彼らは「世界軍人体育大会」の選手団にまぎれて韓国に派遣される……。

生還したセリ

1 会いたい 보고싶은《ポゴシップ》

「すごく会いたいです 私の唯一の友に」

ジョンヒョクにムヒョクの死の真相を伝えて「罪を償いたい」と詫びるマンボク。

第9話の最後で北と南とに離れ離れとなったジョンヒョクとセリ。第10話では最初にジョンヒョクがセリを想い、最後にセリがジョンヒョクを想い、ともに「会いたい」と願う。最初の方では四人の部下たちがジョンヒョクを心配して、ピスが「重症の恋わずらい」だと評する。第9話に出てきた非武装地帯の廃屋でひとり佇んでセリを想っているジョンヒョク――そこには戦争に行った息子のために母親が祈りを捧げるための「若水の器」があって、それを見ながらジョンヒョクが（傍らにいる回想の中の）セリと会話を交わす。「会いたいと心から願えば――会いたい人に会えるかな」と聞くセリに、ジョンヒョクは「願うしかない。願ってないと生きてられないから」と答える。つねに相手の気持や存在を優先するジョンヒョクはいわば受動態人間だ。ここでも彼はセリの言うことを否定せず、二人の「会いたい」という願いが協奏する。こうしてそばにいなくてもその人の幸せを願うことができる、という『愛の不時着』の通奏低音がふたたび奏でられるのである。

出会いと再会に関するこのような導入があって、いよいよ物語はムヒョクの死の真相というドラマの謎の核心へと迫っていく。まずマンボクが保衛部の許可がないと入って来れない国境地帯で勤務しているジョンヒョクのもとをひそかに訪ねてくる。マンボクは「耳野郎」という職業柄、多くの人たちの秘密に通じており、ここにやってくるために哨所長の弱みをネタに取引したのだ。彼は軍人の制服を着ているが、それは十年前のムヒョクとの出会いのときの服装と同じだ。

マンボクは十七歳のころから自分のことなど話さずに来たが、ムヒョクと出会って初めて語り合える人を見つけたと言う。誕生日の贈り物である財布を見せるが、これは以前、市場でマンボクがひったくりにあったときに、ジョンヒョクが暴漢たちと闘って取り返してくれた財布だ。中にはムヒョクからマンボクに宛てられた手紙が大事にしまってあり、そこには「誕生日おめでとう。幸運を願って贈るよ」と書いてある（あとで論じるように、第10話のカギの一つは贈り物と手紙である）。十年前にマンボクとミョンスンの赤子ウピルが高熱を出したとき、軍の病院から薬と看護婦を世話して救ったのがムヒョクだった。第5話で、父親の職業が理由でいじめられていたウピルをセリが助けたエピソードは、「救助」という運命を担って生まれたウピルにふさわしい。さらに拉致されたときにセリが落としたジョンヒョクへのクリスマスプレゼントであるムヒョクの腕時計を、他ならぬウピルが拾ったことで、人びとが相互に助けあうネットワークが完成するのだ。

七年前マンボクは、チョルガンから母親の弱みをネタに脅されてムヒョクの盗聴を命じられ、彼の殺害に加担してしまった。彼が殺された日は偶然にもマンボクの誕生日で、その日ムヒョクは平壌に出かける前に家を訪ね、祝いの肉

と贈り物の財布を置いていった——財布にはこの手紙と、マンボクがウピルの薬代にと渡した現金がそのまま入っていた。だがその日にムヒョクは亡くなり、自らの誕生日と唯一の友の命日が重なってしまった——この罪は償いきれるものでないが、マンボクはジョンヒョクにムヒョクの腕時計と、カセットレコーダーを渡す。カセットにはジョンヒョクを想う兄の生前最後の言葉が残っていた、「弟の——幸せを願っている」と。腕時計にはチョルガンの犯罪記録を収めたマイクロSDが入っていて、これが起訴の証拠となる。マンボクが会いたいと心から願っていた唯一の友にはもう会えない、しかしその声が愛する弟へと伝えられることで、願いの線分がつながっていくのである。

そしてその願いは、第10話の最後で、セリとジョンヒョクとのソウルでの劇的な再会によって代償的に果たされる。眠れぬまま街に出たセリの独り言——「私があなたに会いたいと願っているように／あなたにも願ってほしいと思ったなら／あるいは私に会いたいなんて気持ちがわかないほど／幸せでいてほしいと願ったなら／それが愛だろうか」。そしてこの願いに応えるかのように、ジョンヒョクの姿が夢のように人並みの向こうに出現するのである。

2 執着 집착《チプチャ》

「それは愛じゃない、執着だ。愛が古くなって腐ったんだ」

ジョンヒョクを忘れられるなら愛ではないと言うダンに、もう目を覚ますべきだというスンジュン。

第10話では、ジョンヒョクとセリがどのようにジョンヒョクの父親の家を見張りに気づかれずに脱出して、非武装地帯まで到着したかが、スンジュンの回想によって語られる。視聴者はその話によって、どうやって二人が軍事局長とチョルガンの追及を逃れたのかを知ることになるのだが、ここで重要なのは、スンジュンがこの話をする相手がダンだということだ。第9話でダンは酒を飲みながら、学校時代からジョンヒョクに恋していたこと、しかし婚約してからジョンヒョクが留学しているスイスにわざわざ会いに行っても、ジョンヒョクは自分のことをまったく覚えていなかったと、スンジュンを相手に語る。その夜、スンジュンは自分も酔って車を運転できなかったので、ダンをおぶって家まで送っていったのだった。

スンジュンのほうはチョルガンとの関係を疑われて、特別招待所にも居られなくなりホテルに隠れているが、そこで当局に不審者として捕われそうになったところを、偶然に居合わせたダンが知り合いだからと言ってくれて救われる。これでおあいこだというダンに、スンジュンは自分がジョンヒョクとセリを家から車で非武装地帯の入り口まで送っていった顛末を語る。その理由を彼は次のようにダンに言う――「君の初恋を終わらせたかったからだ／恋に恋してちゃダメだ」と。セリの帰国を助けてしまえば、次兄のセヒョンとの取引が無効になってしまうので、詐欺を大目に見てもらうことはできなくなる。それでもジョンヒョクたちを助けた理由は、大きく言って二つあるだろう。ひとつはセヒョンではなく、ダンを選んだこと。そのことは朝鮮に留まり続けることをも意味する。もうひとつは、ジョンヒョクの恋ではなく、愛の深さに説得されたことだ。

スンジュンが言うように、ジョンヒョクは「自分のすべてを懸けてセリを帰そうとした」のであり、これこそが愛である。それに比すれば、ダンがジョンヒョクのことを「忘れない」というのは、愛ではなくて恋、すなわち「執着」だと言うのだ。恋は、相手ではなく自分の気持ちを優先することで、必然的に「恋に恋する」状態に人を陥らせる。だから恋は時間がたてば「古くなって」必ず執着へと帰結するのである。ダンの執着をスンジュンが終わらせることが本当にできるのか、そしてその代わりに、この二人のあいだに愛が育つのか、その問いに答えるにはいま少し時間が必要だろう。

　執着というモチーフは、次にまったく違った文脈で、今度はチョルガンを主人公として展開される。チョルガンは、ムヒョクが腕時計の中に隠したマイクロSDカードに残された記録を証拠としてジョンヒョクが軍事裁判所に提出したことで有罪判決を受け、無期の労働教化刑を受ける。しかしチョルガンは連行されながらジョンヒョクに向かって、「あの女はきっと死ぬ」と捨て台詞を吐くのだ。チョルガンのこのセリへの執着は、いったいどこから来るのだろうか？　もちろんチョルガンの悲願はリ家の滅亡にあるのだから、セリを南から潜入したスパイに仕立て上げ、彼女をジョンヒョクが匿っていたことを明らかにできれば、その願いも実ったかもしれない。しかしもはやセリが韓国に帰国してしまった今、すでにその手段は失われている。だからここでのチョルガンの執着は、リ家への恨み（それは貧しい出自から這い上がってきた者が良家の血筋を誇る人たちに向けた本質的な怨恨でもあるだろう）を超えて、セリという個人に、というか、より正確には、セリとジョンヒョクとの関係に向けられてい

「それは愛じゃない、執着だ」

る。もっと言えば、セリという南の人間が北に不時着したことによって、北と南とのあいだに芽生えた「愛」こそが、チョルガンにとってもっとも敵視すべき対象なのだ。その意味でスンジュンの台詞をもじって言うならば、チョルガンのセリに対する執着は、「願いが古くなって腐ったんだ」とも言える。この執着は、護送車から逃亡したチョルガンがジョンヒョクに韓国の雑誌から切り抜いた「セリ死亡」の記事を送りつけ、さらに電話で「贈り物」は届いたかと聞くことによって、第10話のもっとも重要なモチーフを再演していくのである。

3 贈り物　선물《ソンムル》

「How are you doing?（ハウ・アー・ユー・ドゥーイング?）」

セリの置手紙を読んで彼女を心配している女性たち。隣の部屋では子どもたちが英語のレッスンを受けている。

第10話は贈り物で始まり贈り物で終わる。始めにセリが韓国に帰還を果たして自らの遺影が飾られた弔問台の前で、生還記念セールとしてセリズ・チョイスの全商品を半額販売することを発表する「贈り物」。そして最後はソウルにやってきた五人組に、朝鮮の工作員であると名乗る緑ジャージの男が中華料理店の出前のアルバイトを譲る「贈り物」。この謎の男は、韓国映画『シークレット・ミッション』で朝鮮のスパイ、ドングを演じたキム・スヒョンが、同じ役柄を演じるカメオ出演だ。こうした二つのパロディ的なギフトに挟まれて、第10話にはいくつかの重要な贈与と受容が行われる。

まず「会いたい」の項で触れたように、ムヒョクとマンボクとジョンヒョクとのあいだでの贈与と交換。赤ん坊ウピルの命をムヒョクが救い、その礼としてなけなしの現金をマンボクがムヒョクに渡し、そのお金とともに手紙と財布がムヒョクからマンボクへと誕生日に「家族の幸運を願って」贈られた、その日がムヒョクの命日となった、究極的な「肉」と「命」の交換。脅迫された仕事の結果とはいえ、生涯で唯一の友を殺してしまった自責の念から、亡き友の腕時計と最後の肉声を弟のジョンヒョクに贈ることで、チョルガンの罪が立証される（この盗聴による声の贈与という行いは、のちにセリの病室にマンボクが盗聴器を仕掛けることで再演される）。しかし逃亡したチョルガンは、ジョンヒョクが兄を喪失後、初めて見出した献身の対象であるセリの「死亡記事」を「贈り物」として、彼に送りつける。このように贈与は無限の円環と報復をもたらすのだ。

しかし第10話でもっとも忘れがたい贈り物は、セリがウォルスクの肉を入れておく塩甕に隠しておいた置手紙ではないだろうか？　「肉」と「贈り物」の関係はこのドラマで何度も強調されるが、セリは舎宅村でともに時間を過ごした女性たちを「お姉《オンニ》さん」と親しげに呼んで、自分が「一一課の人間」であると嘘をついていたことを謝り、本名はユン・セリであると告げる。すると女性たちは、それが市場で買った「南」の化粧品のブランド名であることにすぐに気づく。資本主義の利潤原則（等価交換原則ではなく）が浸透していない土地では、人の存在と物の価値とが重なって理解されているのだ。女性たちは、セリがこの村でいかに心細かったかを想像し、無事に帰国できたのかどうか心配する。するると彼女たちの思いを代弁するように、隣の部屋では英会話を習っている子どもたちが〝How are you doing?〟と復唱している。こうしてムヒョクからマンボクに宛てられた誕生日を祝う手紙が、いまジョンヒョクの手に渡り、失われた友情と兄弟愛を想起させると同時に、もう一つの手紙によって、セリと女性たちとのあいだに忘れることのできない贈与の環が結ばれるのである。

チョルガンによる執着と報復、そしてセリから女性たちへの謝罪の置手紙という贈り物をめぐる主題の展開は、セリが母ジョンヨンと再会する場面でも変奏される。セリは自分の失踪中に暴落したセリズ・チョイスの株を母親が買い占めたことを責める（セリはジョンヨンに弁明を許さないので、彼女が株を買った理由は明かされない）。セリのジョンヨンへの言葉はきわめて辛辣だ――「ごめんなさい、お母さん《オンマ》／死んだと思ってうれしかったでしょ／無事に戻ってしまってごめんなさい」。こうして一方では手紙によって不在の人物による情愛の贈与が行われ、他方で会話によって眼前の人物同士の深い溝が明らかとなるのだ。

こうして願いが死によって裏切られた過去から、願い続けた想いが再会によって償われた現在までを描く第10話は、「会いたい」という欲望を会えなくても慕い続けることができる強さへと変換することによって、恋と執着が超越される可能性を検証する。そのとき腕時計や手紙の循環による贈り物の授与と受容は、報復と謝罪の連鎖を凌駕して愛の証へと昇華するのである。雪の降るソウルの街で、セリの眼前にジョンヒョクを突然出現させた彼女自身の心の声が明らかにするように――「あなたに会うためなら、あの出来事を最初から、もう一度繰り返してもかまわないと思ったら、それが愛だろうか」。

セリの置手紙を読む女性たち

コラム비평《ケラム》⑩　脱北者

朝鮮民主主義人民共和国から国外脱出した人びとを「脱北者」と呼ぶ。このドラマでは、ジョンヒョクもチョルガンも自らの意志で国外脱出して韓国に行くが、ともに朝鮮に帰国する意思を有しているので脱北者とは言えない。セリも第1話でジョンヒョクのことを「帰順者귀순자（クィスンチャ）」と誤解するが、これは一九九〇年代までの朝鮮から韓国への亡命者の通称である。理由はどうであれ脱北しようとして捕らえられれば、朝鮮では厳しい処罰や抹殺の対象となる。脱北者の多くは韓国に定住するが、ほかにも中華人民共和国のほか、日本やアメリカ合州国、ヨーロッパに居住する者もいる。

韓国統一部の統計によれば韓国への脱北者の数は、朝鮮戦争休戦から一九八九年までが六〇七人、その後一九九三年まで毎年一〇人以下だった。韓国では一九八〇年代まで軍事独裁政権による反共産主義が支配しており、脱北者もスパイではないかと疑われて厳しい取調べを受けた。しかし一九九〇年代から脱北者への措置が寛大となると、次第に韓国亡命者の数が増加し、九〇年代に朝鮮で深刻な食糧難が起きたこともあって、二〇〇二年以降は年間千人から二千人の脱北者がやってきたと言われる。二〇二〇年時点で韓国に定着した三万数千人の脱北者は韓国籍を取得しているが、経済的な困難だけでなくさまざまな差別を受けている。一九九四年ごろから朝鮮からの国外脱出者が多様化し、かなりの数が韓国ではなく、中国その他に留まり続けるようになったと言われる。

主な脱出ルートは中国経由が多いとされるが、中国は脱北者を発見すると不法入国者として送還する協定を朝鮮と結んでいるので、脱北者は中国内では潜伏生活を送らざるをえない。中国東北部に潜伏している脱北者の数は三十万人以上とも言われる。そのごく一部が、大使館や外国人学校などに逃げ込むことに成功して、そこから韓国や他の国へと亡命する。

韓国には一九九七年に成立した「北韓離脱住民の保護及び定着支援に関する法律」という法令があり、脱北者の生活支援を行っている。彼らはまずハナ院（北韓離脱住民定着支援事務所）と呼ばれる教育施設に収容され、資本主義社会の習慣を教えられて、数週間から数か月後に一般市民生活を始める。脱北者の多くは家族を捨てたり、脱出の途中で離れ離れになったため、韓国に定住しても孤独感に苛まれることが多く、かなりの数が亡命者で作る共同体で暮らしている。しかしなかには経済的社会的に成功して、韓国内で地位を築いたり、日本やアメリカ合州国で実業家として名を成す者もいる。日本語で読める参考書としては、中美花（シンミファ）『脱北者たち』（駒草出版、二〇一八年）が成功者たちを扱っている一方で、韓元彩（ハンウォンチェ）『脱北者』（晩聲社、二〇〇二年）は中国東北部から朝鮮に送還されて拷問死した元保衛部秘密工作員が遺した手記として貴重である。

第10話で描かれる朝鮮側から見た韓国国境

第11話　祖国　조국《チョグク》

ストーリー　개요《イェオ》

セリが路上で出会ったジョンヒョクは「夢」ではなかった。彼はチョルガンがセリを狙ってソウルに来たことを知り、金鉱山跡の狭い洞窟を二〇時間這って自らも密入国してきたのだ。チョルガンを捕えたらすぐに朝鮮に帰ると言うジョンヒョクを、セリは自分のマンションに案内する。家族との関係を聞かれて、セリはうまくいっていると嘘をつくが、訪ねてきた次兄夫婦が会社の経営権を放棄させようと迫る会話を聞かれてしまう。気まずい思いのセリをなぐさめるジョンヒョク。しばらくは一緒にいられるからと、セリはジョンヒョクを韓国風に変身させるため、デパートで服を新調。見違えた彼を会社に伴い、部下たちにボディーガードとして紹介する。

一方、ジョンヒョクの父親の指令で、スポーツ選手団に混ざってソウルにやってきた四人の部下とマンボク。韓国では見るもの食べるもの珍しいものばかりだが、ジョンヒョクにもセリにも会えずに時間とお金が消えていく。そのころ朝鮮ではチョルガン逮捕の余波で逃げ出したスンジュンがダンを頼り、ジョンヒョクとダンの新居として用意されたマンションにかくまってもらう。切迫した状況とは裏腹に、男女がラーメンを一緒に食べるのは特別の意味があると言うスンジュンとともにダンはラーメンを食べ、二人のあいだになごやかな時間が流れる。

チョルガンに関する情報を入手したジョンヒョクは、その真偽を確かめようと単身出かけた先で暴漢たちに襲われる。そのあいだ、独りになったセリをチョルガンが地下駐車場で待ちぶせる。気配に気づいたセリは逃げ出す途中で、携帯電話を落としてしまう。そこにジョンヒョクから着信があり、拾ったチョルガンはジョンヒョクを呼び出し、銃をかまえて地下駐車場にやってきた彼を狙う……。

デパートのセリとジョンヒョク

クリティーク 비평《ピピョン》

1 電気 전기《チョンギ》

「まさか南朝鮮では俺たちが来るのを知って電気をつけたのではあるまいな」

夜じゅう明かりの消えないソウルの夜景を眺め、五人組のそれぞれが想いを漏らす。

ソウルに到着した五人組の目に映るのは、大都会の消費文化の華やかさだ。コンビニのインスタントラーメンの種類の多さや温めるだけで食べられる米飯に驚き、フライドチキンに垂涎し、チムジルバン（二四時間営業の低温サウナ）を満喫する。そんな彼らの何気ない言葉から北と南の社会のありようが見えてくる。たとえば、故郷に母親と弟妹たちを残してきたウンドンが、サウナの暖かさに包まれながら、こんなところに母親を連れてきたいと洩らす一言。母を想う言葉から北の兵役の長さや経済格差の問題が見えてくる。ウンドンは若いだけに無邪気で南の文化を好奇心旺盛に楽しんでいる。だから彼がソウルで欲しがるものは、耳がピョコピョコ動く帽子や、道で演奏しているバンドが着ている学生服のような服なのだ。ウンドンの年齢で他の国に生まれていたならば、大学に通いバンドの一員となることもありうるだろうに、軍事国家ではその貴重な年月を兵役に費やされる。彼が「ほしい！」と思ったのは、実は帽子や服ではなく、青春そのものではないのか……。

しかしこのドラマは視点を変えることで「貧しい北と豊かな南」といった言説や思い込みに反省をうながす。ウンドンに「青春がない」など言うのは、朝鮮に暮らしていない者の勝手な解釈かもしれないし、温情主義の暴力ではないか――なぜならウンドンと彼の仲間たちは、ジョンヒョクの中隊で活き活きと暮らしているからだ。ウンドンの青春とはジョンヒョクや仲間の隊員たちと過ごす時間と空間の中にあるものだろうし、そのような時空間こそが「祖国」の名に値する。それは経済格差などによって単純に比較できるものではなく、ましてや簡単に幸福とか不幸といった概念で判断できないはずである。

ジョンヒョクを連れ戻せという総政治局長の命を受けて韓国に派遣された彼らにとって時間は限られており、ましてや潤沢な資金があるわけではない。ホテルに泊まるなどといった贅沢は思いもよらないので、今夜の宿を心配しながら、夜も煌々とビルの明かりが灯されたソウルの街を感嘆して眺めるシーンが印象深い。「資本主義への警戒心を失うな」が口癖のピスがここで引用した台詞を冗談とも真面目ともつかずに語れば、韓ドラ好きのジュモクが「ドラマのとおりですね、疑ってたのに」と笑う。無駄とも思えるほどに電気を使う情景こそが、彼らにとっては北と南の違いを際立たせる光景だからだ。そして続くマンボクの台詞――「こんなに明るければ、ウピルは夜も好きなだけ宿題ができる。いいだろうな」――これこそは、そのような経済的差異を超えて、電気や明かりやエネルギーがいったい何のために存在すべきものであるかを私たちに考えさせるのではないだろうか。

マンボクは第2話で勉強が好きな息子ウピルのために夜、ランタンに火を灯

ソウルの夜景を
眺める五人組

していた。そんな彼が故郷にいる家族を思ってつぶやくこの言葉は、一気に私たちと彼らの距離を拡大しながら収縮する。こうした五人組それぞれの感想は、たしかに母親や子どもを思いやるものであると同時に、西洋的近代化を推進してきたエネルギー問題の本質を突く。人力から家畜を使った動力へ、風力から石炭、石油、原子力へとエネルギー資源が変化するなかで、人の歴史は近代化への道を歩み、進歩と破壊、支配と搾取、便利と怠惰をもたらしてきた。第2話でウンドンの「僕のところではまだ練炭を使っています」に、ジョンヒョクが「おまえのところもいずれ近代化するさ」と声をかけ、セリに「ガスなんて未来のおとぎ話ね」と言われた場面を思い出してほしい。そこでもエネルギーと人の生活との関係が問われていたのだが、ここで大事なことは、エネルギーが人間の可能性を広げてきた歴史がある一方で、サウナの暖かさや一晩じゅう電灯のある生活に触れて家族を思う隊員たちの言葉から、エネルギーとは本来、人の幸福のためにあるはずだという信念に目覚めることではないだろうか。そうした意識の覚醒のなかで、彼らと私たちの距離は縮まり、異化は共感への回路となる。そのとき彼らの祖国は、半島の北にある朝鮮である以上に、ジョンヒョクを中核とする信頼のネットワークでもあることが明らかとなる。そして信頼を拒むもの、それが「忘却」である。

2 忘却 잊어버리지《イジョボリジ》

「だが——覚えててくれ、忘れてはならない人は——憎い人じゃなくて好きな人だ」

セリと次兄夫婦の会話を隠れて聞き、怒りで飛び出しそうになったと言うジョンヒョクがセリに。

愛の対義語は憎しみではなく無関心というが、忘却の対義語はなんだろう？　記憶、思い出、覚えておくことといったところが常識的な答えかもしれないが、このドラマでは、ある意味で忘却の対極にあるのは喪失である。ここでは忘却をめぐるセリとジョンヒョクの会話に注目しよう。まずジョンヒョクとセリが彼女のマンションで出前のチキンを食べようとしていたところに、次兄のセヒョン夫妻が闖入してくる（ジョンヒョクはこのドラマを通して、ほとんど物を食べないか、あるいは食べようとしてもこの場合のように邪魔される）。そこでジョンヒョクは物陰に隠れざるを得ないが、そんなことは知らないセヒョンとサンアは、朝鮮にいたことをばらすぞとセリを脅迫して、彼女から会社経営権を奪おうとする。自分たちの利益を守るためには、家族のことなど歯牙にもかけない次兄たちに、セリは静かに告げる――「人生では忘れてはならない三人の人がいる、窮地を助けてくれた人、窮地に置き去りにした人、そして窮地に追い込んだ人だ」。このいかにも負けず嫌いのセリらしい反撃の論理に従えば、セリにとって忘れてはならない人は、恩を受けた相手と、恨む相手という両極になる。いずれにしてもセリには他人を簡単に信用することは許されてこなかったのであり、彼女が言及するシチュエーションの過酷さからも、体験してきたこれまでの人生の厳しさがうかがえよう。

さて、このような「忘れてはならない人は誰か」という忘却をめぐるモチーフの準備段階があって、第11話において、もっとも心を洗われる場面が到来する。それはジョンヒョクの静謐かつ純然な性質を際立たせる情景として、このドラマ全体の中でも忘れがたいものの一つだろう。一言で言えば、ジョンヒョクが喪失の痛みを抱え続けているのは、彼が忘却することができないゆえである。つまり彼は忘れることができない人間なのだ。そしてこれは単に記憶力や性格の問題ではなく、芸術家の繊細な魂がさまざまな不幸と出会って獲得せざるを得なかった特質だろう。セヒョンとサンアが帰ってから、物陰から出てきたジョンヒョクに「何も言わないで、恥ずかしい」と言うセリ。それに対して、「何も言わない」と声をかけるジョンヒョク。沈黙の人、見つめる人、結果を求めず、ただひたすらそばにいる人――ふたたびジョンヒョクの真骨頂だ。そしてセリを静かに抱き寄せる。「癒やされる。静かだし、温かい。怒りが収まる」というセリの言葉に、ジョンヒョクは「自分は腹がたって立場も忘れて飛び出しそうになった」と初めて怒りの気持ちを露わにする。しかしこのような「怒り」という当然の感情さえ、ジョンヒョクは浄化して、ここで引用した珠玉の言葉をセリの胸に届けるのだ。怒りから癒しへ、忘却から記憶へ――かくして、この教えはセリだけでなく、私たちすべてが永遠に覚えておくべき普遍的な贈り物となるのである。

　ジョンヒョク「好きな人だけ思って生きるんだ」、セリ「たとえその人が傍にいなくても」――ジョンヒョクとセリのあいだを往復するこの言葉の価値は、喪失の痛みに傷つき、忘却に抗する者だけが知る。ジョンヒョクが韓国に一人で行く理由を書いて父親に送った手紙には、「愛する人を二度と失いたくない。彼女に何かあったら私は自分を許せません」と書いてあった。そこには最愛の兄を失ったことで、音楽という自らの人生の目標さえも喪失した痛みが刻まれている。チョルガンたちの不正を告発しようとしたがために殺された兄ムヒョクの事故の真相を、おそらく総政治局長という地位のために追及しようとしなかった父親チュンニョル。彼は、ジョンヒョクの韓国

「忘れてはならないのは好きな人だ」

行きが発覚したら、リ家自体が危ないと言う。そんな夫を、ジョンヒョクの母親ユニは、「こんなときにも息子より地位や名誉が大事なのか、ジョンヒョクまで失ったら私は生きていけない」と非難する。愛する人を二度も失うことがあってはならない――この決意がジョンヒョクをしてセリのもとへと赴かせ、人は何を、そして誰を「忘れてはならない」かを、雄弁にそして静かに、私たちに教えてくれるのである。

3　行　動　일들《イルドル》

「ここにいる間、思い出になる行動は禁止」

ジョンヒョクを真似して車のボンネットをたたくセリ。しかしすぐに寂しさが胸に迫ってくる……。

ジョンヒョクにソウルで思いもかけず再会したセリは「この種の夢は好きじゃない」と告げる。『愛の不時着』というドラマは「この種の夢」の連続であり、その意味で一種のユートピア物語である。ジョンヒョクとセリは互いが予想もしていないときに夢のように目の前に現れ、それが夢ではないと保証する。久しぶりのジョンヒョクの顔に傷がある（洞窟を這ってできた傷だ）ことを心配するセリに、彼はこれまでと同じく「何でもない、大丈夫だ」と応じる。ところがそれに対するセリの言葉は、もうあなたの「何ともない」は信用できない、だ。それは、あまりに稀有な夢の重さに耐えられなくなりそうだからだろう。

引用した場面は二人で買い物に出かけるときの出来事で、ジョンヒョクがボンネットをたたくと、実際に猫が飛び出し、セリだけでなくジョンヒョク自身も驚く。韓国よりもさらに寒い朝鮮に暮らす者の知恵を教えてもらったセリは、微笑んでボンネットを二回たたくが、すぐに顔を曇らせ、ここで引いた言葉を寂しそうにつぶやく――「あなたは帰るのに、私はこうして死ぬまで冬には車をたたく、そのたびにあなたを思い出す」と。

前節で忘却と喪失について論じたが、セリもまた喪失を恐れる者――忘れられない人間なのだ。習慣がジョンヒョクの思い出そのものとなってしまうこと。車のボンネットを二回たたくたびにジョンヒョクを失った痛みを味わうことになる――忘れられなくなることを怖れているのだ。その哀しさに寄りそうように、静かにうなづいて「じっとしてるように努力する」と答えるジョンヒョク。

このような「行動」というモチーフを起点とするドラマの展開を担うのは、資本主義を象徴するさまざまなメディアだ。たとえばジョンヒョクは、デパートでセリが買いまくった（総額二千五百万ウォン＝約二五〇万円をクレジットカード一括払い！）スーツを着て、「南の人に変身」する。だが中身はジョンヒョクのままなので、彼はデパートの出入り口のドアを押さえ続けて人びとが通りやすくする。ジョンヒョクにとっては、車のボンネットをたたいて動物を逃がすことと、デパートでドアを押さえていることとは他者意識の表れとして同じ行動なのだ。ところがその様子はたちまちSNS上で話題になる（もちろん顔天才＝イケメンであることも含めて）。それをオフィスのパソコンで見つけたセリがジョンヒョクに見せると、彼も満更ではなく熱心にパソコンの画面をスクロールする。セリにとって自分の好きな相手が人びとの関心を呼ぶことは、嬉しくもあれば妬ましくもあって、それがますますジョンヒョクの「思い出になる行動」を増幅していくのである。

第11話を締めくくる思い出は、ジョンヒョクの「じっとしてる」どころか、過激な行動によるものだ。ジョンヒョクはチョルガンに関する連絡を受けて、暴力団のアジトに単身出かけていくが、結果としてジョンヒョクとセリは離れ離れとなる。ジョンヒョクを心配したセリは、事前に二人のスマートフォンに入れたアプリでジョンヒョクの居場所を知り、会社の地下駐車場にとめたレンジ・ローヴァーに乗ろうとして、ジョンヒョクの教えどおりボンネットをたたく——乗り込む前のその一瞬の合間が、後部座席に忍んでいるチョルガンの存在をセリに気づかせ、彼女の逃走を可能にする。先ほど逃げ出したのは猫だったが、今度はセリ自身がチョルガンの魔手から逃げ出す。動物にまつわる「思い出」がセリとジョンヒョクを救うことになるのだ。

最後の場面では、ジョンヒョクがセリの携帯に電話すると、チョルガンが出てセリを捕えたと嘘をつく。普通ならば驚愕と怒りで叫びだすところだが、ジョンヒョクは違う——自らの感情よりも先にセリの身を案じて、静かに一筋の涙を流す。これは単なる冷静さではなく、つねに相手のことだけを考える態度の表れなのだ。そして駐車場へと急行し、電気の消えた暗闇の中でセリにたどり着く。音楽家としての耳の確かさと軍人としての方向感覚の正しさに支えられた行動本能が、冬の寒さゆえにエンジンの温かさを求める小動物にも似たセリを、絶体絶命の危機から救い出すのである。

飛び出した猫に驚くセリとジョンヒョク

コラム 비평《ケラム》 ⑪ 兵役および同志と兄貴

韓国でも朝鮮でも徴兵制度があるが、その形態や服務期間は大きく異なっている。韓国では服務形態によって一八か月から三六か月が兵役期間で、二〇歳から二八歳までに服役しなくてはならないとされている。なかでも海兵隊勤務がもっとも訓練が厳しいと言われるが、そこでの勤務を自ら志願する若者も多く、ジョンヒョクを演じているヒョンビンも海兵隊経験者である（兵役を終えたヒョンビンは、それ以前と比べて演技の幅が広くなったとも言われている）。それに比べると、朝鮮の兵役期間はずっと長く、男子で一三年、女子では七年が目安とされ、延長されることも多いという。一七歳で入隊した男性の兵役終了は三〇歳だから、軍隊生活がいかに個人の人生だけでなく、社会にも多大な影響を及ぼすかは想像にかたくない。多くの青年の活力が軍事制度の維持のために消費されてしまうことによって、工業労働や食料生産を含めた産業の進展や民衆の福祉、そして健全であることで人びとの利益に奉仕すべき国家財政が、さまざまな側面で後退することは否定できないからだ。

言うまでもなく、軍隊とは徹底した階級社会である。軍隊外の経歴や出自、収入などがいったん棚上げになるだけでなく、軍役が終わった後の人間関係にも軍隊内での階層関係が投影される。朝鮮では長い兵役生活を反映して、友人や知り合いのことを一般に「同志（トンジ、동지）」と呼ぶが、韓国でそれに対応する呼称は男性の場合は「兄貴（ヒョン、형）」である。たとえば南北の軍人が国境線上で交流するさまを描いた映画『JSA』でも、朝鮮と韓国の軍人が互いに「同志」ではなく「兄貴」と呼びあうことで、敵対する軍隊生活を離れた友情の可能性が見事に示唆されていた。『愛の不時着』のなかでも、ソウルにやってきた第五中隊の隊員たちが、自分たちが「北」の人間であることがばれないようにと、ことさらに「同志」ではなく「兄貴」と呼び合う場面が第11話の中にある。たしかにこの五人組は大都会の風景のなかでは浮いた存在であって、私たちに笑いを提供してくれる。呼び名に対する意識は、単に特定の社会における階層関係を示す記号であるだけでなく、ここで北の隊員たちが自らの意思を持って明らかにするように、新しい人間関係への誘いともなるのだ。その意味でもこの「トンジ」と「ヒョン」という呼称の違いは、南北の社会関係や兵役制度の違いだけでなく、政治や軍事の桎梏を超えた情愛や信頼のありさまをも垣間見せてくれるものと言えるだろう。互いを呼び合う称号は、支配被支配という上下関係を投影する社会的慣習であるだけでなく、人と人とが言葉を使って交流することで自己と他者との新しい意識を形成し、友情や連帯といった人間にとってもっとも貴重な絆を醸成する鏡ともなり得るのである。

ことさらに「兄貴」と呼び合うソウルの五人組

第12話　過去　과《カ》거《ゴ》

ストーリー　개《イエ》요《オ》

地下駐車場でチョルガンの銃口がジョンヒョクを狙う。瞬間セリは分電盤のスイッチを切り、自身の無事を知らせる。暗闇となった駐車場で、ジョンヒョクは耳を澄ませてセリの場所を突きとめる。警備員がやってきてチョルガンは逃走。セリは外部に漏れないよう事を収め、ジョンヒョクには怪我が治るまでともにいることを約束させる。

セリはジョンヒョクを襲った暴力団の本拠地に乗り込み、チョルガンの情報と引き換えに家賃を無料にすることで味方につける。また、保険会社を解雇されたスチャンに報いるためにセリズ・チョイスにスカウトする。他方セヒョン夫妻とチョルガンが会い、妻サンアはセリを消すことを依頼、資金と情報の提供を約束する。北では新居でかくまわれているスンジュンが、風邪の看病に来てくれたダンにユン家に復讐した訳を語っていた……。

セリズ・チョイスのインテリア部門オープニングの日、セリはジョンヒョクを伴い晴れ舞台に臨む。五人組もやってくるが怪しまれてその場から逃走、公園でようやく息をつくが、ウンドンが靴を置き忘れたことに気づき、落ちこむ。そこに靴を持ってジョンヒョクが現れ、セリも合流して再会の喜びを分かち合う。セリのマンションに滞在することになったジョンヒョクと五人組。そこでセリはマンボクとジョンヒョクの会話を聞いて五人組が来た理由を知り、ジョンヒョクとの別れを覚悟する。翌二月二日はセリの誕生日。会社に母ジョンヨンが訪ねてくるが、セリは浜辺に娘を捨てた日のことを思い出させ、彼女を拒絶する。その夜セリが家に帰ってくると部屋は真っ暗。覚悟していたとはいえ、六人が去ったと思い打ちひしがれ泣くセリ。ところが突然部屋の明かりがつくと、そこには……。

ソウルでのジョンヒョクと五人組の再会

クリティーク 비평《ピピョン》

1 約束 약속《ヤクソク》

「お願いだからそれだけは約束して」

ジョンヒョクに怪我が治るまではここにいてほしいと願うセリ。

暴力団のアジトで襲われて怪我をしたジョンヒョクは、セリの家で往診してもらうが、その医者はセヒョン夫妻の息がかかっており、セリの部屋に男がいたことを密告する。するとサンアは11話で訪れた際、セリの家の靴箱に男物の靴があったのを思い出す。過去の出来事が思い出されて新しい意味を持つのがドラマの鉄則だが、ここで過去と現在と未来をつなぐモチーフは「約束」である。医者の診療を受けたジョンヒョクにセリはここで引用した言葉を語り、約束が未来への願いであることが明白にされるのだが、第12話では、未来の約束の実現と過去の約束の裏切り、という対照的な愛の様相が示されることになる。

まず未来の約束の方から検討しよう。セリの家で夜、焼酎を飲んでいるセリが「酔った」と言うと、ジョンヒョクは「酔ってるなら――言いたいんだ」と前置きして、決定的な告白をする――「北に――帰りたくない」「君と――ここにいたい」。「酔ってるから、続きを全部言ってみて」と言うセリに、ジョンヒョクは未来への願いを告げる、「ここで――君と結婚して、君と似た子供もほしい」と。セリは「娘がいい」、ジョンヒョクは「僕は双子がいい」。ここには子どもに対する、というかより正確には親と子の関係に対する二人の生い立ちの差が表れている。後で触れるように、セリは継母を愛しながら彼女に捨てられた娘であり、ジョンヒョクは兄と弟という年齢の差と、家父長制度における立場ゆえに兄（＝長男）を失うという不幸に見舞われた息子だからだ。さらに「他にやりたいことは」と聞かれたジョンヒョクは、「またやる、ピアノを」と答える。思い出そう、トマトを育てるには毎日十個の好きな言葉をかけてやるのがいい、とセリに教えられたジョンヒョクが、トマトの苗に向かってつぶやいた最後の単語は「ピアノ」だったことを。兄を失って以降、幸せを願うことを封印して、以前の優しく明るい性格を失くしてしまったと母親にも言われていたジョンヒョク。そんな彼がセリと出会うことによって、過去の呪縛から少しずつ解放され、音楽の世界に戻りたいと正直に思えるようになったこと。これこそが『愛の不時着』というドラマにおけるもっとも大切な約束の一つなのである。

　セリはそれをより具体的に「コンサートを開いてあげる」と約束する。二人の未来への約束はさらに進んで、ジョンヒョクが「見てみたい、君に白髪が生えて、シワもできて、老いてゆく姿を。きれいだろうな」と未来の願望へと高まっていくのだ。そして最後はセリがもう一度、現在へと時間軸を戻す、「外で飲まないで、ほかの女に見られると思うと不安で夜も眠れない、だから家で飲んで、約束だからね」と。こうして現在から未来へ、そしてまた現在へと約束の環が連なるのである。

　もうひとつの約束は、これとは対照的に、残酷にも裏切られた過去に関わっ

「お願いだから
それだけは約束して」

ている。前の晩、マンボクとジョンヒョクの会話から漏れ聞いて、総政治局長である父チュンニョルがジョンヒョクの帰国を命令したと知ったセリは、翌朝（誕生日の当日だ）、「約束を守ったわね、怪我が治るまでは帰らずにいてくれた」から「急にいなくなったとしても驚かない」「心配しないで」と、気持ちを押し隠して約束への感謝を告げる。そしてこの後、ジョンヒョクがいなくなる不安にさいなまれて一日を過ごしていたセリのもとを訪れる人物こそ、もう一つの約束の相手である。それは母ジョンヨン。「私が何を言っても信じないだろうけど」と言葉をにごす母を遮って、セリは決定的な一言を放つ、「信じないわ、来なかったから」と。そしてかつて浜辺に捨てられた夜の情景が回想されるのだ。「温かい物を買ってくるわ、待ってて」という約束をして、幼いセリをひとり夜の海に残して去った母は、セリが何度、百を数えても戻ってこなかった——「その海には朝が来ない」。母が娘に「私なんか生まれなければよかった、生きてるのが——申し訳ない」と思わせた最悪の裏切り。こうして「約束」というモチーフは残酷なまでの振幅をはらみながら、ドラマの過去と未来をつなぐのだが、さらにその時間軸を具体的に規定するのが、次の「恩返し」というモチーフである。

2 恩返し　은혜《ウンヘ》

「私は恩返しと復讐はきちんとやるの」

ジョンヒョクを襲った暴漢たちのアジトから帰るときのセリの決め台詞。

チョルガンの襲撃のあとでジョンヒョクは「怖かっただろうに、君は僕も守ってくれた」と感謝する。普通なら女性を守ったことを誇って、「もう僕がいるから大丈夫だ」とでも言いそうなものだが、ここでもジョンヒョクは独自の対応を見せる。彼は他者を核に考える「受動態人間」なので、ここでも中心はセリである。彼の言葉が常識や道徳を超えた哲学性を帯びるのは、生き方の受動性ゆえに言語が普遍性を獲得するからだろう。そんな彼から学ぶ＝真似ぶことをしてきたセリも、「私のことを大事に思うなら帰らないで」ではなく、「怪我が治るまでは帰らないで」と他者を主軸にして「受動態」的に応える。こうして相手中心の思考が行動となるとき、「恩返し」が実現するのだ。

セリはジョンヒョクを襲った暴力団を買収、経済力で彼らを屈服させる。背後にはおそらくブローカーのオ課長がいるのだが、より多くの金銭を積めば彼らの協力を得るのは簡単だ。ここには恩返しも復讐も経済原理で果たされるという冷徹な論理がある。対照的に、保険会社を解雇されたスチャンをセリがスカウトする場面では、献身が感謝によって報いられるが、その根拠は数値である。セリの調べでは、スチャンは毎日平均三七回の電話をチーム長のチャンシクに掛けており、メールに至っては数百通に及ぶ。その「執念深さ」でアマチュア無線が受診したセリの声を見つけたスチャンにとって、セリを探すことは保険の仕事を超えて、彼女の生還を祈願することに変わったのだ。彼が持ち運んだ資料の厚みや電話やメールの数は、セリの無事を祈る願いの重さにほかならない。三倍の報酬でスカウトするセリの行為は、金銭が感謝の数値化であることの麗しき実例なのである。

この恩返しと復讐、執念と感謝をめぐる人間関係の深化は、スンジュンとダンとのあいだでも進行する。風邪をひいて寝込んでいるスンジュンにダンはおかゆを作ってやるが、料理などしたことがないダンは塩加減がわからず、塩辛いおかゆになってしまう。その味がスンジュンに子供時代を思い起こさせる。父の事業が失敗し、その死後、母が再婚、自分は寄宿舎に入れられた……。父の破産の原因はユン家にあり、スンジュンはその復讐のため、セリとの結婚を画策しセヒョンへの詐欺を仕掛けたのだった。しかし金を奪っても気が晴れなかったとスンジュンは語る――「カネを返して、俺が幸せになることが本当の復讐なんだろうな」と。ところがダンはその論理を「ばかげた言葉」として一蹴し、「倍返しにしてやるのが真の復讐」だと反論する。これはセリへの嫉妬からダンもユン家を恨む同志となったゆえの発言でもあり、彼女が言葉でユン家に復讐することでスンジュンに恩返しをしているともとれるだろう。

幸せと復讐との関係において興味深いのは、過去認識の変容である。セリズ・チョイスのインテリア部門オープニングの日、ジョンヒョクは兄の思い出の腕時計を手首に嵌める。セリは自分が質屋から買った時計だと気づき、その顚末を話す。ＯＳＴで「兄のための歌」が流れる中、「君も僕を助けてくれた」と言うジョンヒョク。「知らないうちに助けた」ことの相互性が、過去の偶然とも思えた出来事を運命に対する感謝へと昇華させ、同じ時計に異なった時間が流れ出すのだ。セリが質屋から解放した兄弟の思いやりの記念である腕時計。この直接渡すことができなかったクリスマス・プレゼントが他人（ウピルとマンボク）の手を介することで恩返しが実現する――セリの知らないところで、兄の死に対する復讐も果たしなが

「誰よりも私の無事を祈ってくれたんですね」

ら。

この恩返しと復讐のモチーフはセリと隊員たちとのあいだでも変奏される。セリの感謝の意を示す焼き肉パーティを、ピスは「仕返し作戦の遂行」と名づけるが、恩返しを仕返しとズラすピスのユーモアほど、微笑ましい復讐があるだろうか。一方、翌日はセリの誕生日で、ユン家では伝統に従って食卓にワカメスープが並ぶが、そこにいるのは父母だけ。ジュンピョンは嘆く、「金持ちに子どもはいない、後継者がいるだけだ」。この二つの食事の差異が「誕生日」という、次のモチーフへと私たちの考察を導くのである。

3 誕生日　생일《センイル》

「だからずっと幸せな誕生日になるはず」

帰ってしまったと思っていた皆が誕生日を祝ってくれた喜びと、別離の悲しみが同時に押し寄せるセリを包むジョンヒョク。


第12話では、なぜセリが誰の「誕生日」も祝わないのかが明らかになる。鍵はセリと継母であるジョンヨンとの関係にある。すでに「約束」の項で述べたように、二月二日、セリの誕生日にジョンヨンが会社を訪ねてくる。次兄セヒョンがセリの帰国を妨害していたことを長兄セジュンから聞き、夫が帰国したセリの身元引受人となったことを隠していたと知ったジョンヨンは、おそらくそれらをセリに伝え、自分も今後はセリの味方でありたいと何らかの形で伝えたかったのではないだろうか。しかし、かつて浜辺で置き去りにされたセリの心の傷はあまりに深い。見知らぬ他人が翌朝倒れているセリを発見しなかったならば、彼女は死に至っていたことだろう。だから彼女はこの日のことを、自分が一度死んで生まれかわった日として、象徴的に「誕生日」と呼び、その日を自宅のキイの暗証番号であると母に告げたのだ。そしてそれが母にとってもけっして忘れることのできない日付だったのは、ジョンヨンがセリが行方不明のあいだにその暗証番号を使って家に入ったことからも明らかである。母にその日をいつまでも記憶させておくことが、セリなりの復讐なのだろう。しかし、おそらくセリにとっても「本当の復讐」とは、スンジュンの言うように「幸せになること」なのだ。

「誕生日なんて祝いに来ないで——最悪だから」という捨て台詞を母に残して家路についたセリ。自分の家に入るためには、いまや「誕生日」の日付ではなく、自分かジョンヒョクの指紋が必要であり（次兄セヒョンに暗証番号を知られたため、指紋認証に変更した）、それが彼女の「幸せ」の証拠でもある。しかしそうやって入ったセリを迎えたのは、誰もおらず電灯もついていない部屋。覚悟していたことではあっても、突然の別れに動揺して泣き崩れる。そのときドアの開く音がして電気がつき、六人の男たちが彼女の誕生日を祝おうと手に花やケーキや縫いぐるみを持って入ってくる。不幸と幸福の突然の落差に動転して思わず家を飛び出すセリを、ジョンヒョクが追いかけ「驚かせて悪かった」と謝る。セリは驚いたからではなく怖くて泣いたのだと言う——「誕生日のたびに今日を思い出しそうで、幸せだった日として」。セリは幸せな記憶を極端に恐れる。そんなセリの言葉をじっと聞いていたジョンヒョクは、彼女の言葉が終わるのを待ってから歩み寄り、「来ないで、こんな顔、見せたくない」と言うセリを後ろから抱きしめる。言われたとおり、泣いた顔を見ないようにするジョンヒヨクの姿勢は、かつて自分の舎宅でロウソクを消した振る舞いと同じである。そして、続くジョンヒョクの言葉は、愛する人が生まれた日を記念する究極の表明となる――「来年もその次の年も、その翌年も、幸せな日になる、僕が思ってるから。〝生まれてきてくれてありがとう〟〝愛する人が――この世にいてくれてうれしい〟と。だからずっと幸せな誕生日になるはず」。誕生日を祝う理由が、愛する他者が生まれてきたことへの感謝に他ならないことを、彼の言葉が雄弁に証明するのだ。この言葉によって、セリの誕生日は新たな意味を獲得し、セリは自分を捨てた母に対する「本当の復讐」を果たすのである。

第12話のエピローグは、このことの再確認に他ならない。セリの部屋のコンピューターでオンラインゲームをするジョンヒョク。対戦相手がネットカフェにいるウンドン（ハンドルネームは「血のにじむ努力」）とは知らず、敗北を喫し、悔しがる。そこでたまたまセリの机の上にあったヴォイス・レコーダーを再生してみると、そこには七年前スイスのジーグリスヴィル橋の上でのセリの家族への「遺言」が録音されている。セリは二月二日という日付を残しており、まさに誕生日に自らの命を終えようとしたのだ。まさに遺言を終えようとしたとき、ジョンヒョクが近づいてきて英語で「私たちの写真を撮ってくれませんか」と声をかける。レコーダーから流れた自分の声に、ジョンヒョクの記憶がよみがえる。すでに二人はセリの誕生日に出会っていたのだから、この日は彼女が生き返ったという、かけがえのない過去の出来事を記念する日なのである。

コラム 비평《ケラム》 ⑫ おかゆと焼き肉

『愛の不時着』で欠かせないのは食事の場面である。第4話でも述べたように、食事は人間関係、すなわち異なる状況における愛憎や親密さの程度を明らかにする。そして朝鮮と韓国では食料や習慣の違いが際立つので、随所で食事の情景がドラマの主題を照らすのだ。北では茹でたトウモロコシやジャガイモ、蒸しパン、干し鱈が物語の展開に欠かせないし、南では（制作のスポンサーだろう）ＢＢＱのフライドチキン、SUBWAYのサンドイッチ、Angels-in-USのコーヒーといったチェーン店が頻繁に登場して資本主義社会を象徴する。とくに北と南で印象的なのは、おかゆと焼き肉だ。それは貧富による対照ということではなく、「弱さ」と「強さ」をそれぞれ象徴するようでいて、実のところ、ともに友愛と幸福のしるしとなっているところが、何事も二項対立では描かない、このドラマの特徴を示している。

12話でおかゆは二度出てくる。一回目は風邪で寝込んでいるスンジュンに、ダンがおかゆを作る。料理などあまりしたことがないのだろう、塩を大量に入れるものだから「味がすごい」。その味がスンジュンに少年期を思い起こさせ、ダンに身の上を語る。その夜、酔って傍らに寝てしまった彼女の顔に朝日が当たるのを手で遮るスンジュンの優しさは、おかゆがもたらした過去の思い出が未来の希望へとつながる兆しだろう。もう一回は、家で寝込んでいるヨンエに息子のナムシクがおかゆを作る。それが導線となるかのように、村の女性たちが次々とヨンエのために作った食べ物や薪を持ってくる。こうしておかゆは単に病人食というだけでなく、危険や困難を顧みずに人に尽くす営みのシンボルとなるのである。

ソウルでの食事を象徴するのは肉だ。セリはそれまで人と一緒に食事をすることなどなかったのに、北から帰ってきてからは部下とも喜んで食事をするようになった。「小食姫」の変貌である。ピスによれば、セリは一日二回は肉を食べるそうだから、フライドチキンの店の近くを徘徊していればセリに会えるかもしれない。作戦は予期せぬ成果を生んで、もう少しでジョンヒョクとの再会がもたらされそうになったのだが、ピスの食欲が邪魔し、そのチャンスを逃す。その失敗を補うかのように、再会後、セリの家で焼き肉パーティが開かれる。今度は牛肉で、皆への感謝をこめて焼くのはジョンヒョクだ。おそらく『愛の不時着』のなかでジョンヒョクが固形物を食べるのはここだけだが、それも自分で食べるのではなくセリが肉をジョンヒョクの口に運ぶ。まさに「受動態人間」の面目躍如だ。おかゆも焼き肉も、過去と現在と未来を「恩」と「恨」でつなぐ線分上で、食事としての生彩をものの見事に放っているのである。

ダンがスンジュンに作った塩辛いおかゆ

セリの家での焼肉パーティ

第13話　幸せ　행복《ヘンボク》

ストーリー　개요《イェオ》

部屋へ戻ってきたセリとジョンヒョクを迎えた一同は、北のバースデーソングを歌い誕生日を祝う。パーティの後で、ジョンヒョクは「あまり深い意味はないんだけど」と前置きをして、セリに誕生日プレゼントを渡す。それはペアのリング、二人は互いの薬指に指輪を嵌める。

一方、娘の外泊を心配した母ミョンウンが新居予定のマンションを訪ねると、スンジュンがおり、娘は飲みすぎてベッドで熟睡中。呆然とするミョンウンに、スンジュンは自分が一方的にダンに惚れているのだと説明する。

五人組は体育大会が終わる五日後には帰国しなくてはいけない。セリは彼らにクレジットカードを渡して、何でも好きなものを買ってほしいと頼む。二人で仕事をさぼって出かけたドライブ先の吊り橋の上でジョンヒョクは、セリのテープレコーダーを聞きスイスの橋の上ですでに出会っていたことに気づいたと語り、セリも二人の出会いの運命に感謝する。夜には五人組と合流し、外食のフライドチキンを食べながら賑やかなひとときを過ごす。しかしタバコを吸いに一人で外に出たマンボクはチョルガンに声をかけられ、ふたたび家族をネタに自分のスパイになるよう脅される。

セリを追い落とそうとする次兄夫妻の悪巧みが母ジョンヨンにばれて、後継者の座が危うくなったセヒョンは、チョルガンにセリを襲撃させる。しかし事前に計画を知ったジョンヒョクたちは、セリを守るために五人組がセリの車に忍び、ジョンヒョクは単身チョルガンのアジトへと出向く。ジョンヒョクの応援に五人組やセリの雇ったマフィアたちも加わり激しい乱闘となるが、逃げたチョルガンが物陰から銃でジョンヒョクを狙っていることに気づいたセリは二人のあいだに車で間一髪割って入る。発射された銃弾が運転席のセリに当たり、驚いて車のドアを開けたジョンヒョクの腕の中へとセリは倒れこむ……。

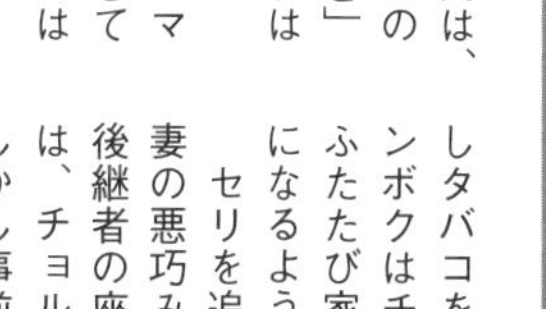

橋の上：「私は今、すごく幸せだわ」

クリティーク 비평《ピピョン》

1 小鹿 아기《アギ》사슴《サスム》

「仲間に捨てられた小鹿は——結局死んでしまう」

ジョンヒョクにもう北に帰っていいと言う前に、セリはジョンヒョクに挿話を語る。

第13話でもっとも印象的な変化の一つは、これまで「幸せ」であることを極端に恐れていたセリが、ついにそのことを受け入れることだろう。その極みがあとで言及する吊り橋の上での「走馬灯」をめぐる彼女の発言だが、第12話の最後でのセリとジョンヒョクの会話を引き継いで、今回冒頭でセリが語る「小鹿」の挿話が示唆するのは、そのような幸福を支える条件とは何かという問いである。

ジョンヒョクたちが北に帰ってしまったと誤解した、その絶望と、突然の誕生日祝いとの落差に驚き、今後も誕生日のたびにこの幸せを思い出すことを怖れて泣き出したセリ。そんな彼女に、ジョンヒョクは自分が思っているのだから、これからもずっと誕生日は幸せになると語りかける。それを受けた第13話の最初で、それに応えてセリは、自分はもう一人でも大丈夫だから、これ以上、父親を困らせないように帰っていいとジョンヒョクに告げる。その理由としてセリが引くのが、「小鹿」をめぐるエピソードだ。セリが聞いた話によると、かわいいからと人は小鹿にさわるが、触れられると人の体臭がつくので、森に帰っても家族や仲間から拒否され、結局、孤独のうちに死んでしまうのだという。同じようにジョンヒョクも南の体臭を身に着けてしまったら、北に帰って仲間から見捨てられてしまうのではないだろうか……。そうならない前に帰ってほしい、南でなら自分の身は自分で守れるし、私を信じてほしい、だからもう行っていい、と。ここで強調されているのは、ジョンヒョクが仲間から拒絶される「小鹿」になってほしくないというセリの心配であると同時に、自分が「幸せ」を受け入れられるほどに自立したのだから、もう心配しなくていいという信頼への要請なのだ。

　記憶力のいい視聴者なら覚えているだろうが、小鹿そのものは第1話でセリが国境地帯の森の中にいるときに、一度だけ登場する。つまりそこで小鹿は孤独な動物として、朝鮮に彷徨いこんで孤立しているセリの象徴だった。しかし小鹿もセリも孤立してはいても、誰かに依存していたわけではない。森の中での動物のように自分の意志で選択し行動する、その独立心ゆえにセリはジョンヒョクたちの助力を得て、北で生き延び、南に生還することができた。この13話においても、セリもジョンヒョクもともに他人に大切にされながらも、自己の信念をけっして曲げることがない。その強さゆえに、北でも南でもさまざまな人間たちから信頼されてきた。他者の体臭の如何にかかわらず、セリもジョンヒョクもけっして仲間から見捨てられることがない。自立と思いやりとの共存こそが「幸せ」の条件だからである。

「かわいがられる」という依存ではなく、「愛する」という共存――このことの象徴が、ジョンヒョクからセリに贈られるペアリングだ。セリがクリスマスプレゼントとして質屋から買い戻したムヒョクの腕時計が過去の喪失からジョ

ペアリング：「何があっても――あなたを忘れない」

ンヒョクを救ったとすれば、このジョンヒョクからセリへの誕生日プレゼントは、互いの指を飾ることによって、未来の結実への黙契となる。「何があっても——あなたを忘れない」という言葉とともに結ばれる二人の手指こそは、誕生日ケーキのロウソクが吹き消される寸前に願われたであろう互いの幸せを祈る想いの温かさを伝え合うのである。

同様のことが、この後でのドラマの鍵となるマンボクの転向についても言えるだろう。彼はソウルでふたたび出会ったチョルガンに息子をダシに脅迫されて、セリとジョンヒョクの動向を彼に伝えることにいったんは同意する。しかし思い悩む姿をジョンヒョクが心配して「何か話したいことがあれば」と、これまで「耳野郎」として人の話ばかり聞いてきた自分に声をかけてくれたことに応えて、今度こそ「自分の話をします」と決意して、チョルガンたちの計略を告げる。その結果として、セリへの襲撃にも隊員たちは一致団結して対抗し、自分たちの大切な「小鹿」であるセリを守ることに成功する。こうしてセリとジョンヒョクを姉兄、隊員たちを「弟妹」とする稀有な家族が成立するのだ。

2 弟妹 동생《トンセン》

「弟や妹が喜びそうだけど」

セリが貸してくれたクレジットカードで買い物をする隊員たち。縫いぐるみの帽子を見てウンドンが言う。

第13話でもっとも心温まる情景の一つは、自ら幸せを受け入れたセリが、今度は感謝のしるしとして、「大好きな弟たち」である隊員たちにさまざまなプレゼントをするところだ。彼女は五人組へのプレゼントとして、自分のクレジットカード（購入制限のない「ブラック・カード」だ）を渡し、何でも好きなものを買っていいから、と言う。洋品店に行った彼らは品物の多さに驚くが、一番若いウンドンは、耳が動く縫いぐるみの帽子に魅かれる。「弟や妹が喜びそうだ」とは言うものの、いちばん嬉しいのは自分自身だろう。その帽子をかぶって公園に行くと、制服を着た学生たちが歌を歌っている。ピスは「物乞い」だと言うが、ウンドンは学生を見て、「あの服が欲しい」とさけぶ。彼の年は十七～十八歳ぐらいだろうから、もし南に生まれていれば、高校に通ってバンドをやっていてもおかしくない年齢だ。生まれた場所の緯度のわずかの違いにより、十年間あまりの兵役を務めなくてはならない。彼が「服」を通して欲しいのは、学校生活や青春そのもの、そして弟や妹たちにも同じように幸せな思春期を過ごしてほしいという願いではないか。このドラマは、兵役や南北分断の理不尽さを声高に非難することによってではなく、一人の青年が故郷に残してきた弟妹への優しい想いを通して、「統一」への願いを私たちの心に響かせるのである。

この「弟」への言及は、セリが北にいたときにジュモクに統一したらチェ・ジウに会わせてあげるという感謝の賞品を、約束どおり南の地で実現する場面でも出てくる。ジュモクがセリに言われやってきたレストランには、チェ・ジウその人がいた。このサプライズに唖然とするジュモクに、チェ・ジウはふだん頼みごとをしないセリから、「私の大好きな弟たち」の一人だから会ってほしいと頼まれたと言うのだ。「私に会うために遠くから来た」ことに礼を述べたチェ・ジウが「私に言いたいことがあればどうぞ」と言うと、ジュモクは意を決して、『天国の階段』からの台詞を引用する——「愛する人たちは再会できると言いましたね。どんなに——遠くにいても…」。驚きながらも微笑んだチェ・ジウは、「〝最後には戻ってくる〟」と応え、満面の笑みで頷いたジュモクは目に涙をたたえて言う——「はい、そのとおりです、〝愛は戻ってくる〟」。『天国の階段』のテーマ音楽が流れる中、カメラが回転して二人を包み込む。この言葉と微笑みと涙の交換ほどジュモクにとって、そして私たち『愛の不時着』の視聴者にとって、これ以上貴重なプレゼントにして「約束してた賞品」はない。そしてセリの部屋に戻ったジュモクがチェ・ジウとの時間をかみしめつぶやくように、愛する人ともう一度会うための方法は「統一しかない」。だとすれば、それはまだ現時点では難しいかもしれないが、彼らの、そして私たちの弟や妹たちが大人になるときには、「統一」が実現することによって、愛する人たちが再会できるようにならなくてはならない——この思いこそ、『愛の不時着』が私たちと共有する願いであり、弟妹たちへの約束ではないだろうか。

　それに対して次兄セヒョン夫婦は、妹セリをチョルガンの助けによって消すことで自分たちの地位を守ろうとする。父親にセリが朝鮮でスンジュンと会っていた写真を見せて、あたかも彼らが共謀してユン家を陥れようとしたかのごとく信じ込ませようとする。セヒョンはセリに「家族の邪魔ばかりしやがって」と言うが、実際に家族のことをいちばん思っていたのはセリなのだ。セヒョンから実家へ来るよう呼びだされ、その言葉に従うのも、自らの身の潔白を証明するためではなく、母ジョンヨ

ウンドン「あの服が欲しいです」

ンの体調が悪いと聞いて心配になったからであり、まさか次兄たちがいくらなんでも自分に直接危害を加えるとは思いもよらないからだ。セリは兄たちに特別な愛情を抱いていないかもしれないが、それでも一応兄としては認めている。その一方で、セヒョンは自身の利益を守るためなら、妹の殺害さえ厭わない。そんな彼女の危機を救うのは、血のつながりのないジョンヒョクの隊員たちであって、セリにとっては彼らこそが本当の弟たちなのである――たとえそれが「走馬灯」のように過ぎゆく一瞬の夢であったとしても。

3　走馬灯　주마등《チュマデン》

「人は死の間際に――一瞬だけど走馬灯のように――人生で一番良かった瞬間が頭をよぎると言うでしょ」

一緒にドライブしたセリとジョンヒョク。橋の上で、七年前スイスのジーグリスヴィル橋の上での出会いを思い出す。

セリがパソコンのそばに置いていたヴォイスレコーダーに録音されていた声を偶然に聞いてしまったジョンヒョク――それは、七年前にスイスの橋の上から飛び降り自殺をしようとしたセリの家族への遺言だった。しかもその言葉の後には、ジョンヒョク自身のダンと一緒の写真を撮ってほしいという英語の声も入っていた。仕事をサボってドライブに出かけた景色のきれいな橋の上で、セリにサボったことがあるかと聞かれたジョンヒョクは、授業に出ずに写真を取りに行ったとき、「自分のタイプ」だった女性に橋の上であったときのことをセリに話す――「彼女が長く記憶に残った。元気にしているか、早まったりしていないか、時々、思い出した」。それがスイスのジーグリスヴィル橋であるとわかり、ジョンヒョクからレコーダーを渡されて、セリもようやく記憶を共有する――「私たちは一体――何度会ってたの」と。ここで引いた台詞は、このことを知ったセリが「私は今――すごく幸せだわ」と言った後で語られる。「走馬灯」はいわば人生のパノラマで、死の間際には幸せな瞬間だけが頭をよぎるという。「多分その瞬間の中に――今があると思う」と言うセリは、このときついに「幸せ」を完全に受け入れることができたのだ。しかしこの走馬灯のモチーフが、来たるべき悲劇の序奏であることを、このとき誰が予想できただろうか？

次兄のセリ襲撃の計画は、チョルガンの脅迫に屈せず逆にその状況を利用したマンボクの働きにより予期されていた。しかし、北への帰国バスが出発する時間が迫っている。五人に帰国を促し一人でチョルガンと戦うと言うジョンヒョクに四人の部下たちは、いまや自分たちの「祖国は中隊長である」と宣言して、帰国せずにともに戦うことを選択する――「僕たちにとってもセリさんは大切な人」だからだ。こうしてセリが一人で父親のもとに車で行くと見せかけ、自分たちは帰国するバスに乗るという嘘を、マンボクはチョルガンに流す。そのうえでセリの車に潜んだ五人組は、オ課長がチョルガンの指図で手配した暴漢たちを見事に撃退する――さすがに「北の特殊部隊員」は強いのだ。そしてチョルガンたちが待つ場所に一人で向かったジョンヒョクの救援へと向かう、セリが金力で買収した暴力団の連中も引き連れて。これで勝負はついたも同然だが、チョルガンはマンボクを盾にして逃亡、ジョンヒョクも後を追う。ここからの展開は第6話の最後を髣髴させる。あのときはジヨンヒョクがセリをかばって、その身に銃弾を受けたが、今度はセリがジョンヒョクをかばい銃弾を受けるのだから。驚愕したジョンヒョクはチョルガンを銃撃、セリの元へ行き、意識を失って座席から崩れ落ちる彼女を抱きとめる。そのとき、瀕死の重傷を負ったセリのなかで、同じ台詞が響いている――「人は死の間際に――一瞬だけど走馬灯のように――人生で一番良かった瞬間が頭をよぎると言うでしょ」。そして「走馬灯」が始まり、私たちもセリとともに「人生で一番良かった瞬間」――それは一つではないが、すべてがジョンヒョクとともに過ごした時間だ――を思い出す。ざんばら髪をハンカチで結んでくれたこと、一緒に自転車に乗ったこと、香りのついたロウソクを掲げて市場に迎えに来てくれたこと、電車が停電で止まって野宿したこと、病院の外でキスしたこと、ソウルにまでやってきてくれたこと、家で一緒に焼酎を飲んだこと、誕生日を祝ってくれたこと、橋の上で思い出を共有したこと……。そしてそのあいだ聞こえているのは、誕生日に背中から抱きしめて伝えてくれた、あの言葉だ――「来年も　その次の年も、その翌年も、幸せな日になる。僕が思ってるから。〝生まれてきてくれてありがとう〟、〝愛する人が――この世にいてくれてうれしい〟と」。それに応答するセリの言葉は短い、まるですべてに満足し幸福に包まれて死にゆく人からの最後の贈り物のように――「私はあなたのその言葉だけで、十分だったわ」。こうして走馬灯は一瞬のうちに過ぎ去り、雪の降りしきる中、二人の愛を刻む言葉だけが私たちの心に沈んでゆくのである。

「僕たちにとってもセリさんは大切な人です」

コラム 비평《ケラム》 ⑬ 『天国の階段』

『愛の不時着』には過去の韓国ドラマや映画からの引用があって、ドラマを盛りあげている。ドラマ『冬のソナタ』の初雪の場面や、映画『シークレット・ミッション』のドングについては言及したが、ほかにも第11話でスンジュンがダンに言う「ラーメン食べて帰る?」や、第16話でマンボクが草むらでマイクで音を拾う場面は映画『春の日は過ぎゆく』からのコピー。第12話でジュモクが「デギル、死んだらダメだ」と涙ながらにネットカフェで見ているのはドラマ『推奴　チュノ』の最終回。セリズ・チョイスのインテリア部門を訪れた五人の「いくらだ、いくら払えばいい?」という質問は、ドラマ『秋の童話』の台詞。ヒョンビン主演のドラマ『アルハンブラ宮殿の思い出』のテーマ曲が、ジョンヒョクがゲームに夢中のあいだ流れる。また第15話のエピローグで、セリが濡れないようジョンヒョクが自分の肩を濡らす相合傘の場面は、ソン・イェジン主演のドラマ『よくおごってくれる綺麗なお姉さん』から来る。

ここでは『天国の階段』(二〇〇三年、脚本パク・ヘギョン、演出イ・ジャンス、主演チェ・ジウ、クォン・サンウ)に注目しよう。韓国で最高視聴率四五・三パーセントを記録したこの作品は、禁断の愛、交通事故、記憶喪失、不治の病といった初期韓国ドラマの定番要素がふんだんに盛り込まれた作品で、チェ・ジウが泣くたびに視聴率が上がったと言われる。第1話でジュモクが監視所でビデオを見ながら言う「ペンダントを合わせろ」は、チョンソとソンジュが永遠の愛の証として持っていた合体可能なペンダントで、記憶を失ったチョンソの本人証拠となるものだ。第3話ではジュモクが「シン・ヒョンジュン(チョンソの義理の兄テファ役の俳優)が死んでしまうなんて」とセリに抗議するのは、テファのチョンソへの献身に打たれたからだろう。第13話でジュモクがチェ・ジウ本人との対面を果たすとき、ジュモクは蛍光色のマフラーと白いうさぎがついた赤いベレー帽をかぶっているが、それらは幼い頃にチョンソがソンジュに手作りしてプレゼントしたもので、ソンジュは記憶が戻ったチョンソの愛を確認したときその帽子をかぶって涙を隠したので、ジュモクがそれを再演していることになる。まさに「愛は戻ってくる」の象徴だ。この台詞は、ソンジュがブーメランを投げながら言ったもので当時大流行したが、ここでのジュモクの再演はパロディの域をはるかに超えている。ジュモクがこの言葉を口にすると、それは自己本位な恋の表現ではなく、他者本位の愛の本質を表すものとなるからだ。それは信頼と自律を基盤として、たとえ相手が見知らぬ人や死者や、あるいは敵対する国家の人間たちであっても愛し合うことができるという政治的分断を凌駕する信念へとつながる。ジュモクとチェ・ジウとの対面という現実とドラマの交錯が私たちに教えるのは、そのような「天国への階段」なのである。

ジュモクとチェ・ジウ「愛は戻ってくる」

第14話 存在 존재《チョンジェ》

ストーリー 개요《イエオ》

撃たれたセリは意識が戻らず、家族以外は面会謝絶なので、ジョンヒョクたちは外から見守るしかない。ようやく意識が回復したセリは病室にいた兄夫妻たちを追い払い、即座にジョンヒョクを呼ぶ。

北では、チョルガンの汚職事件に関連し逮捕されたヨンエの夫の釈放祝いが、ダンの母ミョンウンを迎えて開かれる。酔ったウォルスクが口をすべらし、ジョンヒョクとセリの話をしたため、ミョンウンはダンのことが心配になる。一方、ダンを夜中に呼び出したスンジュンはダンへの気持ちを告白し、生き方を変えることを約束、ダンもスンジュンの気持ちを受け入れる。

帰国のバスに乗らなかった五人組はセリとジョンヒョクのそばから離れずにいる。マンボクはセリを守るため病室に盗聴器をしかけて様子を探っていた。その録音を聞いたセリは、母ジョンヨンの自分への想いを初めて知る。そのジョンヨンは、セリを心配するジョンヒョクの存在に気づき、そばにいてほしいと頼む。

その裏では南北それぞれで政治的な駆け引きが始まっていた。南では国家情報院がチョルガンとジョンヒョクの密入国を掴み、捜索を開始。北ではチョルガンからジョンヒョクのソウル滞在写真を得た軍事部長が、総政治局長である父チュンニョルに引退を迫るが、彼は資金づくりのために財閥の娘を懐柔する極秘作戦だとはねつける。

ジョンヒョクは入院中のセリの世話をするかたわら、チョルガンの隠れ家をつきとめ単身そこに向かい、情報院のエージェントも後を追う。そこでチョルガンを追い詰めたジョンヒョクだが、拳銃の引き金を引くことができない。情報員たちの銃口が二人を捉える緊迫した状況のなか、チョルガンが拳銃を取り出し、ジョンヒョクに向けて発砲する……。

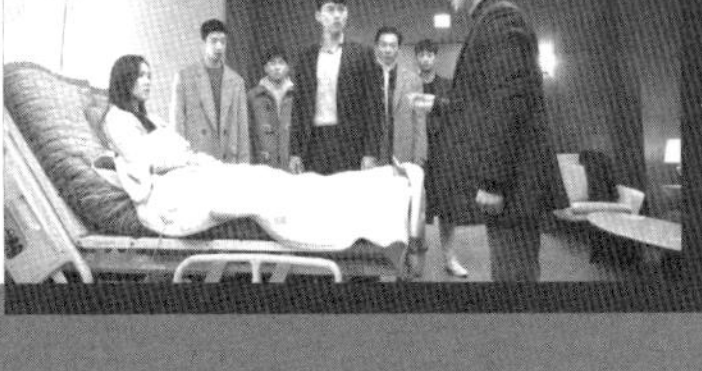

意識を回復したセリと仲間たち

クリティーク 비평《ピピョン》

1 꿈《クム》

「かなわぬ夢でもいいから　未来を夢見ていたい」

意識不明の重体で病室に横たわるセリを、病室の外から見守るジョンヒョクの独白。

第13話の最後で、チョルガンがジョンヒョクを狙って撃った銃弾は、間一髪セリの運転する車が間に入ったせいで、彼女の右脇腹に命中。心肺停止状態のセリに救急病院で緊急手術が行われるが、意識を失ったままだ。そんなセリを病室の外から必死に見守るジョンヒョクの心の叫びが、これまで二人が出会ってから、彼にいったいどんな「夢」がもたらされたのかを告げる――「兄がいた　彼を亡くし、つらい日を送った　そして心に決めた　誰も失わない人生を送ろうと　淡々とした人生を送ろうと　未来を夢見ぬ人生を――黙々と送ろうと　それ以来　ぐっすり眠ることもなく　冗談も言わず　演奏もしなかった　そして誰も愛さなかった　ある日僕の世界に不時着した――君に会うまでは　そんな人生だった　でも今後は　つらくてもかまわないから　君がいる人生を送りたい」。そしてここで引用した「夢見ていたい」という言葉が続く。思い出してみれば、セリが北側に不時着して、ジョンヒョクの舎宅に迷い込み、慣れない不便な生活に直面して、そのすべてが夢だったと思いたくて、南の自分の家に帰る夢を見る場面が第2話にあった。そのときからおよそ三か月の月日が経過して、いまセリとジョンヒョクは、愛の本質が存在の承認にあることを悟る。たとえ「つらくても」愛する人が「いる人生を送りたい」——「一緒にいる」ことではなく、ただ「君がいる」こと、それだけがジョンヒョクにとって大事なのだ。「だから——死なないでくれ。どうか——僕の話を聞いてくれ。君に言いたいことが、まだ残ってる」。「言いたいこと」とは無論「愛してる」のひとことに他ならず、ただ愛する人が生きていること、その存在がすべてであって、それは恋のように自己承認願望ではない——ここにこそ、このドラマが到達した愛の到着点が記されているのである。

　そのことは、セリの保険担当者であったスチャンにとっても同様で、彼は最初は仕事でセリの生存を信じ、執念ぶかく資料を集めていたが、やがて彼女の生存そのものが人生の目的となり、ついにセリが南に帰ってくる日を迎えることができた。セリが銃弾に撃たれて入院してからも同様で、スチャンにとっては彼女の命を心配することだけが生きる糧となったのだ。ここにも存在への信仰という愛の本質を垣間見ることができる。

　愛と存在との切り離せない結びつきは、もう一度、今度はセリが意識を回復したときに再演される。彼女が目を覚ますと、病室には四人の兄夫妻がおり、セリは即座に皆に出ていけと告げ、ジョンヒョクを電話で呼び出す。セリが寝ている間にボディガードも解任され、家族に遠慮して病院の外に出ていたジョンヒョク。そんな彼をセリは、「勝手に席をはずして　見える所にいれば安全だと」言ったではないかと咎める。「見えている」ことが安全を保証する、これがジョンヒョクとセリとの存在論の核だ。そこに欲望や所有の介在する余地は

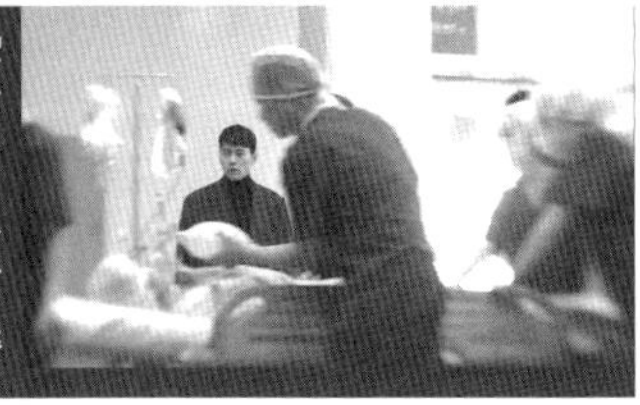

「君がいる人生を送りたい　かなわぬ夢でもいいから」

ない。携帯電話を握りしめて「すぐ行く、今向かってる」と走るジョンヒョク——私たちはこれまで何度、同じような情景を見てきたことだろう。ジョンヒョクは基本的に食べない、語らない、眠らない——その代わり、彼は料理し、聴き、見つめ、そして走る。そんな彼だからこそ、セリが死線から生還したときに語る、「なぜあんな危険な場所に飛び込んで　そんなに僕を悲しませたかったのか」という「非難」の言葉さえもが、相手本位という哲学を開示するのだ。病室で再開し、ようやく「言えないかと思って——怖かった」「愛してる」という言葉を告げたジョンヒョクに、セリも応える——「私も怖かった　夢が長すぎて　それに夢にあなたがいない　早く覚めたかった」と。こうして「夢」というモチーフは、二人が出会った過去と、恐怖の時間が終わって互いの存在を確かめることのできた現在と、そして待ち望む未来とをつなぐ橋となるのである。

ただその人がいてほしいという存在への願いが愛であるとすれば、その人の幸せを祈ることもその一つの典型的な表れだろう。第14話で、そのような自己と他者とのつながりの深化と結末を象徴するのが、二組の母と娘との関係である。

2　娘　딸《タル》

「娘を帰してくれたら　母の気持ちを伝えたいと　なのにできなかった」

母ジョンウンが彼女の回復を願って、これまで言えなかった自分の本心を語る。

『愛の不時着』における親子関係の軸は母と娘とのそれである。第14話ではそれが一つのクライマックスを迎える。その背景には、一方が醒めていて、他方が眠っている、ないしは酔っているという不均衡な関係がある。そのアンバランスが「夢」のモチーフ、つまり過去の記憶と現在の思いが交錯して、希望や願いにつながる展開を支えるのだ。

まずダンとその母ミョンウンとの関係から見ていこう。韓国ドラマでよく使われる仕掛けに登場人物の「記憶喪失」がある。ここでもその「定石」が利用されているが、この場合は事故や病気ではなく、酔いというパロディに近い形で出てくる。第8話で見たように、ミョンウンは酔ったピスからセリの情報を得ていたのだが、自分も泥酔してしまい、彼の話の詳細をすべて忘れてしまった。第14話では、ヨンエの夫キム・リョンへ大佐の釈放をミョンウンが援助してくれたことを感謝するために、彼女を招いて舎宅村の女性たちが宴を催す。そこで例によって酒癖の悪いウォルスクが酔った勢いで、ジョンヒョクの「浮気」をばらしてしまう。その話をきっかけとして、一気にピスの話の記憶がミョンウンに蘇る。だがここで大事なことは、ミョンウンが結果としてジョンヒョクやセリへの怒りではなく、娘であるダンへの心配に取りつかれることだ。酔って家に帰ってきたミョンウンはダンにこう語る、「お母さんに気を使わず幸せになりなさい　自分の思うように生きて――幸せになりなさい　あなたが――母親の言うことを聞きすぎないか心配なの」。ミョンウンはコミカルな役柄であるが、彼女の娘への想いはつねに真率で私たちの胸を打つ。そしてその想いを受けとめたダンは、少し後の場面で「君が心配だった」と言うスンジュンの気持ちを受け入れる。スンジュンはジョンヒョクとは対照的な人物で、詐欺を生業とする者らしく言葉のテクニックに長けている。

「一度くらい本心を言って」とダンに言われたスンジュンは、ここでも「君にウソはつかない」と言いながら、饒舌にダンの美しさと魅力を賛美する。その言葉に酔ったように、一歩近づくダンに、スンジュンがさらに「君の前では俺もいい人間でいたい」と吐露すると、ダンは涙を目に溜め、自分からスンジュンにキスするのである。

　このようなダンの幸せの発見という準備を経て、ついに娘セリと母ジョンヨンとの和解が果たされる。しかしこれは対面によるものではなく、マンボクがセリの病室のベッドに仕掛けた盗聴器に拾われたジョンヨンの独り言によるものだ。たとえ血のつながりはなくても、セリは育ての母であるジョンヨンを慕い続けていた。彼女が言うように、「生後1ヵ月にもならないあなたと会って以来――あなたは　私を母親として愛さなかったことはなかった」。娘のその愛にもかかわらず、母親は「その愛を一度も受け止めなかった」。そしてある夜、「初めての二人旅だと喜んでたあなたを――私は捨てた」。このときのジョンヨンは自分のことしか考えられなかったのだ――「生きるのがイヤで」海にセリを連れて行き、そのまま砂浜に彼女を「捨てた」。いま死線を彷徨っている娘を前にして、母は反省して許しを請う――「私の人生が地獄だったのは　あなたではなく私のせいだった　私を愛してくれる――あなたを憎むことで自分を傷つけてたんだと思う」。母の言葉をセリは意識が回復してからヴォイスレコーダーで聴いているのだが、この告白が終わった後で一つの映像が挟まれる――少女のセリが涙を流している母を抱きしめて「お母

「お母さん　泣かないで　私が守ってあげる」

さん　泣かないで　私が守ってあげる」と慰める映像。セリの少女時代と、意識不明だったセリにジョンヨンが語っていた数日前と、そして今その声を録音で聞いているセリの現在という、三つの時間が重なり合い、少女セリの言葉と抱擁によって母と娘とが経てきた懊悩と苦難を償うのだ（それぞれのヴォイスレコーダーに「死にたい」という告白が入っているという構造が、セリとジョンヨンに共通する）。こうして涙をぬぐう他者がいてくれることで心の「傷痕」が癒されていくことを、母の声と娘の耳との結びつきが保証するのである。

3　傷　痕　흉터《ヒュント》

「傷痕が——こんなに大きい」

母の声を聴いていたセリが、泣きやんだ後で病室に入ってきたジョンヒョクに言う。

セリがジョンヨンの声をレコーダーで聞いて涙を流しているあいだ、ジョンヒョクは病室の外で待っていた。泣きやんだ頃合を見計らって入ってきた彼に、セリは「手術の痕のせいでビキニが着れない」のが残念で、涙が出たとのだと言い訳する。気丈な性格の持ち主であるとともに、ジョンヒョクを心配させまいとするセリらしい言い方だが、ドラマを見ている私たちにとって、この「傷痕」への言及は、そのすぐ前の場面でのジョンヨンの告白によって、長年の母と娘の心の傷が癒されていく過程の確認ともなる。そのような治癒の過程は、これまで幸せになることを極端に恐れていたセリが、ジョンヒョクとの出会いによって幸福を受け入れるようになったことと切り離せない。そのことを次に続く場面が、ややコミカルに、しかし見事に表すのだ。

ここで引用したセリの言葉を聞いたジョンヒョクは、「その程度じゃ傷とは言えない」とシャツをはだけて、「前哨地で盗掘者にやられた」という左腰にある傷痕を見せる。ジョンヒョクはやや自慢げに「麻酔もなしに縫うんだ」と言うが、これは「酔い」と過去の記憶との関係を思い起こさせる表明ともなるだろう。さらにジョンヒョクは、セリに「すごいわ」と褒められて調子に乗り、左肩、腰、頭と次々に傷痕を見せていく。そしてこれは嘘だろうが、「以前――ここもケガをした」と左頬を指し、セリが「傷はなさそうだけど」と顔を近づけるとキスをするのだ。まさに二人にとっては、体についた傷痕がいまや幸福のしるしであることが、傷とキスとの密接なつながりによって示されるのである。

そこへ五人組がフライドチキンのテイクアウェイを買って帰ってくる。服をはだけているジョンヒョクを見て驚く一同だが、皆が「おいしそうに食べてる姿が見たくて」とセリが言うので、病室で食べることになる。第12話のセリの家での焼き肉パーティでもそうだったが、セリと隊員たちとの食事の場面は、ほとんど食べないジョンヒョクと、旺盛に食べる五人組との対照を軸として、ともにする食事が友愛の象徴にほかならないことを活き活きと表現する。兄を喪ったジョンヒョクと、家族に愛されてこなかったセリ――孤独だった二人が愛する対象を互いのうちに見つけただけでなく、血のつながりを超えた大切な存在を五人組とともに獲得したこと。これこそが二人の傷がついに癒されて、貴重な痕となったことの証左でなくてなんだろうか？

さらにこの傷の治癒というテーマは、ジョンヒョクとジョンヨンが喫茶店でセリのことを話す場面でも反復される。セリが入院した当初から、いつもジョンヒョクがセリのそばにいることに気づいたジョンヨンは、ジョンヒョクに「そばにいてあげて　セリのために」と頼む。それに応えて、ジョンヒョクも「そばに――いてあげては　そうすれば、セリさんも喜ぶはずです」と返す。セリがジョンヨンの真意を知るには、マンボクが病室に仕掛けた盗聴器が決定的な役割を果たす。ここでも録音された声という間接的な媒体と、つねにそばにいるジョンヒョクという直接的な存在の助けによって、母と娘との和解がついに果たされ、傷は痕となっていくのである。

そしてこの傷痕というモチーフは、第13話の最後にジョンヒョクに銃で撃たれて負傷したチョルガンと、その隠れ家を発見したジョンヒョクとの対決の場面へと受け継がれていく。一方でチョルガンは、「路上生活者」であった自分とはまったく出自も環境も異なるリ家の兄弟を滅ぼすことで自らの傷を癒そうとした。他方でジョンヒョクとセリは、それぞれ兄と家族という、愛する対象を喪っていたのだが、お互いの存在を認めあうことで傷を癒すことができた。あらゆるものへの愛を拒絶することを人生の目的としたチョルガンと、愛していると心から言える他者のいる人生を送るという夢を見ることができたジョンヒョク――この二人の対照は、単に敵同士ということを超えて、傷が癒されるにはどんな社会や人間関係が必要かという問いに繋がる。すなわちそれは、ウピルが父マンボクから受けた教え「友達とは仲よく」することで、「美しい世の中」がどのようにして可能となるのか、という究極の社会的課題へと私たちを導いていくのである。

「傷痕が――こんなに大きい」

コラム 비평《ケラム》⑭ 国家保衛省と国家情報院

『愛の不時着』では、チョルガンが所属する朝鮮の国家保衛省と、南に潜入したチョルガンとジョンヒョクを追ってこの第14話から登場する韓国の国家情報院とが重要な役割を果たしている。前者はチョルガン個人の生活を反映して取調室や盗聴室の暗いイメージが中心であり、スパイや反体制派、脱北者の摘発など秘密警察活動に重点が置かれる。後者は集団性と官僚主義を中核とするハイテクな機関の印象が強く、対北諜報活動がクローズアップされ、ときに諜報員が抱くジョンヒョクたちへの同情さえも感じさせる。

　現実の朝鮮国家保衛省は国務委員会に直属する秘密警察・情報機関で、すべての活動が朝鮮労働党中央委員会組織指導部に報告されるが、実際には最高指導者である朝鮮労働党委員長・金正恩の支配下にあると言われる。初代の最高指導者であった金日成は、一九七三年に分離独立した国家政治保衛部を使った政敵の粛清による恐怖政治を推進した。一九八二年に国家保衛部に改称されてから、実権は金日成の後継者である金正日が握っていたという。二〇一一年に金正日が死去して金正恩体制が発足すると、二〇一二年に金元弘が国家安全保衛部長に就任したが、それ以降も実権は金正恩にあり、その下での恐怖政治体制が続いているというのが大方の見方であるようだ。

　一方、韓国の国家情報院は、国家安全保障に関係する保安及び犯罪捜査を担当する大統領直属の情報機関で、一九六一年設立の韓国中央情報部（KCIA）が一九八一年に全斗煥政権によって拡大されて国家安全企画部（ANSP）と改称されたが、一九九九年に金大中政権下で大幅に縮小されて大統領直属の国家情報院となった。政府転覆・諜報・テロ及び国際犯罪などの取り締まりが業務とされるが、KCIAとANSPの時代には、「反共主義」を国是とする支配勢力を代表し、赤狩りの本拠として恐れられた。組織的な国内政治への介入も頻繁で、野党や言論機関に対する工作が行われた。なかでも一九七三年、東京から野党の有力政治家金大中を拉致した事件や、一九七九年に当時の中央情報部長金載圭が酒席で朴正熙大統領を暗殺した事件などが有名である。また二〇一二年の大統領選挙においても、野党陣営の文在寅候補を誹謗中傷する書き込みを指示し、与党陣営の朴槿恵候補が有利となるような世論操作等の選挙介入を行った疑いで元世勳前国家情報院長が在宅起訴されたように、情報院の政治介入は続いた。文在寅政権は二〇二〇年に国家情報院の名称を対外安保情報院と改称して、国内政治への介入と朝鮮に対する工作活動を禁止し、情報院の勢力を削ぐことに力を注いでいると言われる。こうした歴史を見ても、保衛省と情報院が南北分断の象徴であることは明らかで、『愛の不時着』は二つの組織をそこで働くさまざまな人間模様を通して描くことで、その解体へのきっかけをも示そうとしているのではないだろうか。

劇中の韓国の国家情報院

第15話 情報 정보《チョンボ》

ストーリー 개요《イエオ》

ジョンヒョクに追い詰められたチョルガンは発砲するもかわされ、情報院のエージェントたちの銃撃に倒れる。ジョンヒョクも銃口をこめかみに当てるが、エージェントたちに捕えられる。セリの病院にいた五人組も逮捕され、情報院に連行されるが、ジョンヒョクのことを慮って証言を拒否する。

一方、舎宅村ではマンボクの妻ミョンスンとウピルが、チョルガンの指示を受けた男たちによって拉致されそうになるが、村の女性たちが男たちを撃退、事なきを得る。他方、スンジュンはセヒョンに雇われたチョ社長とチンピラたちに捕われてしまう。ところがチョ社長はスンジュンを逃がし、スンジュンはイギリス行の航空券を購入。そして出発の前夜、ジョンヒョクの留守宅にダンを呼び出し、将来の約束のしるしとして指輪を贈る。

情報院で取り調べを受けるジョンヒョクは、資金調達のため南の財閥令嬢であるセリを懐柔する任務で派遣され、五人組も自分の命令で残ったと証言して、罪を一人で背負おうとする。ジョンヒョクの証言の信憑性を疑う情報院はセリとの対面調査を行う。ところがジョンヒョクはセリを前にしても証言を曲げず、セリを冷たく追い返す。セリは無理とショックが重なり様態が悪化、敗血症となって集中治療室に入る。

空港に着き国外脱出目前のスンジュンの携帯に、チンピラからダンを人質にしたと連絡が入る。航空券を破りダン救出に向かうスンジュン。無事に救い出すが、自らも撃たれ、ダンに手を握られながら救急車のなかで帰らぬ人となる。一方、セリが危篤状態と知ったジョンヒョクは病院へ。睡眠も食事もとらずに治療室の窓の外から見守り続けるが、ついに彼女の身体機能停止を告げる機械音が鳴る……。

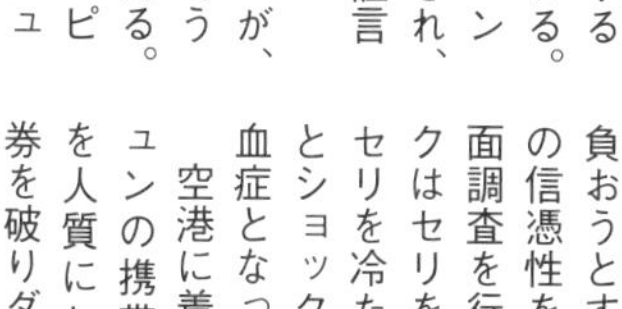

セリとジョンヒョクの対面調査

クリティーク 비평《ピピョン》

1 父親 아버지《アボジ》

「お前の父親はお前がここで死ぬことを望んでる」

チョルガンがいまわの際にジョンヒョクに遺す言葉。

チョルガンは死に際に、なぜ父親が兄の死の真相を追及しなかったと思うかとジョンヒョクに問う。答えは「とことん掘り下げたら——そこにお前の父親がいるからだ」。総政治局長の地位にあるチュンニョルが政治機構の内部においても高貴で無実のはずはない。チョルガンが非合法に獲得した資金も、まわりまわって彼を含む高官たちに渡ったかもしれない。「だからうやむやにした」と述べ、さらにここで引用した言葉を告げて、チョルガンは事切れる。ジョンヒョクが衝撃を受けるのは、父親が保身のために兄を犠牲にしたのかもしれないという疑念を完全にはぬぐいきれないからだろう。

このことは朝鮮や韓国にとどまらず、いまだに家父長制度の桎梏に縛られた社会における父親と息子の関係を私たちに考えさせる。父親から長男へと名誉、財産、地位、血筋、家柄といったすべてが継承される家父長制度が支配し、南北分断がその原因でもあり結果でもあるような、軍事国家の朝鮮や財閥社会の韓国において、子どもたちに負わされる重圧は凄まじいだろう。だからムヒョクもジョンヒョクも父親の後を継いで軍人となったのだし、セリの父ジュンピョンによる財閥の後継者選びにおいて長男と次男と娘が争いあうのだ。

しかしこの問題は、名誉や財産などにこだわる必要がない庶民階級においては違った様相を帯びる。そのことを例によって、このドラマは複眼的視点から明らかにする。ジョンヒョクが父親の真意を疑って絶望の淵に追い込まれた場面のすぐ後で、マンボクがセリの病室の窓から雨の降る外を眺めて、「うちの村も雨かなと」とつぶやく。北の支配機構の中で高官としての地位を維持しなくてはならない一人の父親が、ときに家族を見捨てる決断を下さなくてはならないことがある一方で、自分の地位や名誉よりも妻と息子の幸福だけを願うもうひとりの父親がここにいる。この事実は続く場面で、舎宅村においてマンボクの妻ミョンスンと息子ウピルがチョルガンの部下にさらわれそうになるところで、さらに力点を置かれる。ここで二人を救うのは血のつながりのない村の女性たちである。彼女たちは保衛部から来たという男たちの嘘を見抜いて、見事に彼らを撃退する。家父長制度の重圧の中で生き延びてきた女性たちの知恵と友情が発揮されることによって、南の地で家族の安否を心配している父親の願いが通じるのだ。

さらにこのテーマは、次兄夫妻の差し金で北の五人組が国家情報院に捕えられる場面でも復唱される。追い詰められたピスが、ウンドンとジュモクに、「俺は親がなくなっているから死んでもいいが、お前らは違う。大黒柱のウンドン、家族の元に帰らないとな。ジュモク、お父さんはお前のために——差し入れをたくさんしてくれた。除隊したら親孝行を」と言って、自らが追っ手をおびき寄せて二人を逃がそうとする（もっともこの感動的な台詞とともに二人を

「お前の父親はお前がここで死ぬことを望んでる」

置いて飛び出したピスは行き止まりの方に逃げるので、自分もほかの二人もあっさりと捕まってしまうというコミカルな結末が続くのだが）。

いずれにしろマンボクもピスもそして村の女性たちも、家父長制度の下で生を営みながらも、危機に際して大切なのは父親の権威ではなく、友への献身であることを身をもって教えてくれるのである。彼ら彼女らの潔さは、セリの国家保安法違反を訴える次男セヒョンに、「お前を見てると私の人生が失敗に思える」と言うジュンピョンの家父長としての嘆きと対照するとき、さらに際立つだろう。さらに情報院で「父親の心配はいらない」から本当のことを話してほしいと言われたジョンヒョクは、父親のことではなく、対面調査のあとで倒れたセリのことを心配する。『愛の不時着』においては、家族主義そのものは解体されてはいないが（ウンドンやマンボクと家族の関係は強固だ）、血のつながりを超えた新たな「家族的」関係も見出される（セリやジョンヒョクと、四人の隊員たち、あるいは舎宅村の女性たちとの関係）。このように、家父長制度を批判的に乗りこえる家族の在り方が模索されているのではないだろうか。そして「父親」というモチーフは、ウンドンとスンジュンという二人の人物を核として、次の「故郷」というモチーフに直結する。

2 故郷 고향《コヒャン》

「僕の故郷の村を詳細に把握してました」

ウンドンが韓国情報部の調査状況をピスに語る。

第15話の全体テーマに「情報」を選んだのは、韓国の国家情報院がドラマの主要な舞台となるだけでなく、南北朝鮮の関係における情報の交錯が、真か偽かという二項対立を超えて、相手の立場を理解するために情報読解が行われる過程が描かれているからである。たとえば北の五人組――ソウルに着いた当初は見るもの聞くこと珍しいことばかりで、ピスを筆頭にとんでもない情報誤読をしていたのだが、次第に生活に慣れてくると、自分が「ソウルっ子」と見られてもおかしくないと言うほどの自信がついてくる。捕えられたピスは、昔の悪名高き「韓国保衛部」（国家情報院の前身）に関する情報を真に受けて、電気拷問に掛けられることを疑っていないが、このドラマ内の国家情報院は調査はしても、監視も緩やかで食事もいい。

そんなピスの情報への過信とは対照的に、若いウンドンはいっけん何事にも素朴で無知なだけに見えるが、実はそのことが私たちに情報への向き合い方を反省させる。たとえば、セリが入院している病院の自動販売機の前で、ピスとジュモクが「中に人が入っていて飲み物を作るのだ」とだます。温めた牛乳が欲しいのかと聞かれたウンドンは、中の人に苦労を掛けたくないからと、それを断る。ここで大事なのは情報の真偽や知識のあるなしではなく、ウンドンにとっては情報が単なる外部のデータではなく、内部の栄養となっていることである。つまり情報の解釈とは牛乳を飲むことと同じであって、大切なのは身体と精神の糧になるかならないかなのだ。

さらにそれを示唆するのがここで引用した、故郷の村の空撮写真をウンドンが調査員からパソコンで見せられる場面だろう。驚いたウンドンはピスに「僕の故郷の村を詳細に把握してました」と教える――拡大して映しだされた故郷の村、通った学校、春になるとつつじが満開になるというつつじ峠のそばにある自分の家、母の姿が見えないか……「お母さんに会いたい」。情報から栄養へ、記憶から故郷へ。外部の情報を単に読みとくのではなく、記憶として体と心の内部にとどめ置くこと。ウンドンにとって故郷の情報は、対象物どころか自らの人生そのものである。単なる純朴さを超えた、情報との真摯な対面――故郷を想うウンドンの心情を通して、私たちは情報が単なる地理的知識ではなく、近しい人へ寄せる情感への回路であることを知る。たしかに情報院の調査員たちは知識としてはウンドンの「全部を知って」いるかもしれないが、十代で故郷を離れ十年にもおよぶ軍隊生活をしなくてはならない辛さや、他国の若者ならば当たり前の青春に憧れる彼の気持ちが想像できるだろうか？

　このような故郷への想いと、そこに住む肉親への憧憬というモチーフは、まさに天涯孤独のスンジュンにおいて一つの頂点をなす。マンションに隠れていたスンジュンに追っ手がかかり、チョ社長が率いるチンピラたちに捕えられる。ところがその夜、チョはひそかにスンジュンを逃がす。たしかチョは以前言っていた、こういう商売をしてはいても義理を重んじるのだと。そこが韓国の斡旋屋で金のためなら何でもするオ課長との違いだ。こうしてスンジュンは、舎宅村の近くの市場でまた捕まりそうになるが、そのとき助けてくれるのが、以前ジョンヒョクから食べ物をもらった孤児の少年とその友人たちであり、この出会いが故郷というモチーフを伝奏するのだ。少年たちは次のような唄を歌って物乞いをしている――「僕は親もいないし　兄弟もいない　かわいそうな子です　僕が死んであの世に行っても――誰が埋めてくれるだろう　誰が土

「僕の故郷の村を詳細に把握してました」

をかけてくれるだろう　誰が酒を三杯ついでくれるだろう」。失われた故郷への挽歌とも言うべき唄を聞いていたスンジュンの頬に涙が流れる――「お前、俺と似てるな。俺もいないんだ、親も兄弟も。俺の死を悲しむ人も」。そう少年に言って彼は助けてくれた礼に百ドル紙幣の束を渡す。かくしてスンジュンは親のいない少年たちの故郷となるのだ。他人の金を巻き上げることが生業であった彼にとって、金が誰かを幸せにするための手段に変わる。かつてスンジュンはジョンヒョクとセリに協力したために、結局自分の首をしめることになった。しかし今度はジョンヒョクとセリに助けられた少年に助けられることになる。これまで復讐や因縁といった悪いサイクルに囚われて生きてきたスンジュンが、善行のサイクルへと人生行路を変える、そのときの鍵が故郷の発見なのである。

スンジュンは質屋を見かけると、セリが以前、自分のあげた婚約指輪を預けた話を思い出し、ダンに贈るために受けだす。そしてジョンヒョクのいない留守宅にもぐりこんだスンジュンはダンを呼び出して、明日イギリスに出国することを告げ、そして「どうせ追われるならここより故郷の方がいい」と語るのだ。ここでもジョンヒョクの腕時計のように、質屋を介しての物の受け渡しにより、過去の痛みが癒され、未来へと開かれる契機が訪れる。こうして得た指輪をダンの指に嵌め、「自分の進むべき道を行く」と決意するスンジュン。質屋による金銭の無効化が、逆説的に指輪に新たな意味を付与するのである。

こうしてスンジュンも「俺の死を悲しむ人」をついに見出すことになるだろう。国家情報院が収集したウンドンの故郷に関する情報が彼の真情を明らかにしたように、スンジュンが故郷に戻るのも、愛するダンにふさわしい人間となるべく「まっすぐ生きる」ための遠くて近い道だからである。この後の場面で情報院の課長が、チョルガンが撃たれるとわかっていて発砲した理由として「あの男も——居場所がなかったんです」と述べる。徴兵制度ゆえに母親から切り離されたウンドンはジョンヒョク中隊長に、親も兄弟もいないスンジュンはダンに、それぞれの「故郷」を見出したが、チョルガンにはついに「故郷」がなかった。こうして故郷を見出すため「自分の進むべき道」に、次の「選択」というモチーフが出現してくるのである。

3 選択 선택《ソーンテク》

「その長い夢の中で——ついに私は選択をした」
集中治療室の外からジョンヒョクの見守るなか、意識不明のセリは夢を見ている——。

セリとジョンヒョクとの国家情報院での対面調査は、ジョンヒョクがセリに罪を負わせないために、あくまでセリを懐柔する目的で南にやってきたという自説を主張し続けるので物別れに終わり、そのショックでまだ回復が十分でなかったセリは倒れ、ふたたび集中治療室へと担ぎ込まれる。致死率が四〇パーセントに及ぶと言われる敗血症となったセリは、危篤状態のなかで「長い夢」を見る。この夢は新製品のテストのため自らハンググライダー飛行をするところから始まって、これまでの出来事をすべて反復するもの。つまりそれは私たちが視聴してきたドラマの短い再現なのだが、このエピソードが構造上見事なのは、そこでの焦点となる「選択」というモチーフが、セリの夢のなかの台詞の結論であるだけでなく、遠く北の平壌にいるスンジュンの行動をも決定づけていることである。

　イギリスへ出国するため平壌空港に到着したスンジュンに、ダンを拉致したとの脅迫電話がかかる。迷うスンジュン――どちらの「故郷」を選ぶのか、生まれた国か、愛する女性か。その同じ時間、病室のセリは危篤状態に陥り、夢の中にいる。走馬灯のように出来事が流れていき、ついにチョルガンの銃に撃たれ今日を迎えること――夢の中の彼女はすべてを知っていた。そんなセリを集中治療室の窓の外から見つめるジョンヒョク。まるで誰かの願いが届いたかのように、まずスンジュンが選択をなす。航空券を破り捨てダンの元へと駆けつける選択だ。クレー射撃で鍛えた腕で、ダンを捕えた者たちを次々と倒すが、自らも銃弾に倒れる。駆け寄るダンを見て、スンジュンがつぶやく――「俺は間違っていた、俺が死んでも――俺のために泣いてくれる人がいた」と。「故郷」の項で取り上げた子どもたちの歌への応答が、死の間際にスンジュンの悟りを啓くのである。

　画面は治療室のセリへと戻り、ここで引用した台詞となる。彼女の選択は明白である――「あなたと出会うためにすべての出来事を最初から――もう一度　経験する選択」。しかし治療室の器械の数値はどんどん下降していき、現実の彼女の生命は衰えていく。そのなかでセリとジョンヒョクの気持ちが交錯する――「時間を巻き戻しても、百回巻き戻しても」と思うセリ、「時間を巻き戻せたら、巻き戻せるのなら――君と出会わない。君が僕を知らずに――何事もなく穏やかに過ごせるほうを選ぶよ」と思うジョンヒョク、さらに「あなたと出会い　あなたを知り、恋に落ちる。その危険で悲しい選択をすると――私は分かっていた」とセリ。この二人の選択の違いこそが「愛の不時着」というタイトルの究極の意味ではないだろうか？　愛は、他者の命を尊ぶ愛は、出会いさえも否定できる、すなわち一人で生きていける強さを与えることだから。恋ではなく、「愛」だけが、「時」を超えて、「着」くことができるのだから。

画面は救急車の中のスンジュンとダンに移り、「もし俺たちのどちらかが死に――1人が助かるべきなら、そう決まってたのなら、死ぬのは俺で——助かるのは君であるべきだ。それが正しい」とスンジュン。そのとき今度はセリの左目から一粒の涙がこぼれ、「その選択をして、私は幸せだったわ、リさん」。その言葉が終わると同時に、セリとスンジュンとの心肺機能停止を告げる音が鳴る。スンジュンの言う「俺たち」とは、ダンだけでなく、セリをも含むだろう。しかしここでのセリの選択は、まさにスンジュンの言葉通りに、「死ぬのは私で、助かるのは君であるべきだ」ということに他ならない。大事なのは、自分が犠牲となって相手のために死ぬことではなく、相手に生きていてほしいという気持ちなのだ。自分が死ぬかどうかは結果に過ぎず、相手の幸福だけを願う愛にとって、究極的には死ぬか生きるかの選択はどちらでも問題はないのである。

セリとスンジュンの「選択」は、こうして恋を愛へと昇華させる。恋は相手の思いとは無関係に自分の欲望を果たそうとする感情であり、最悪の場合、執着ともストーカー行為ともなる。対して愛は、つねに他者本位だ。たとえ自分が報われなくても、相手のことを思い続ける営み。だから愛には応えてくれる相手や、生きている対象さえも必要ではない。肉体の死こそは、愛が不時着した到達点なのであるから。

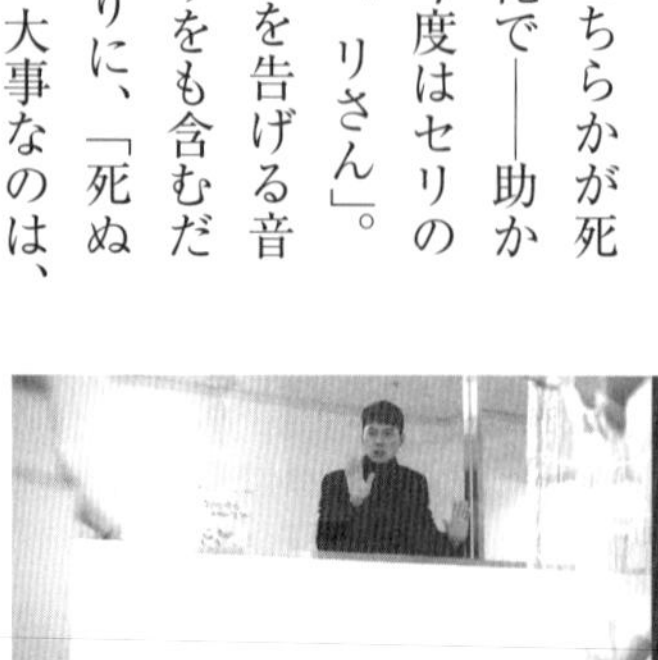
「ついに私は選択をした」

コラム 비평《ケラム》⑮　韓国のエンタメ文化

二〇二〇年は韓国発のエンターテインメント文化が世界を席巻した年として歴史に残るのではないだろうか？『愛の不時着』をはじめとした韓国ドラマが、インターネット配信サイトによって、これまで韓流ドラマに縁のなかった世界中の人びとをも魅了したという事実は、韓国エンターテインメント文化産業の積年の努力の一つの表れにすぎない。ここでは小説、映画、音楽というジャンルから、それぞれもっとも注目されたものの一つを取り上げて、韓国エンタメの成熟ぶりを瞥見しよう。

まずは二〇一六年の刊行以来、百三十万部を超えるベストセラーとなり、世界一六ヶ国で翻訳出版もされているチョ・ナムジュの小説『82年生まれ、キム・ジヨン　82년생 김지영』（日本語訳：斎藤真理子、筑摩書房、二〇一八年）。主人公の名前は韓国の一般的な姓であるキムと、一九七〇年代後半から八〇年代初期に産まれた女子にもっとも多い名であるチヨンから成る。彼女が精神科医に語る三人称の語りを基盤に、同時代の韓国のジェンダーに関わる統計や記事を併記した特異な形式の一種のドキュメンタリー小説である。主人公の誕生から少女・学生時代、受験、就職、結婚、出産、育児に至る人生が家族との関係を通して語られ、いまだに女性差別と家族主義と家父長制度の支配下で、普通の女性が直面する抑圧や困難があぶりだされる。たとえば出産と仕事の両立に悩むキム・ジヨンは、夫に言う——「失うもののことばかり考えるなって言うけど、私は今の若さも、健康も、職場や同僚や友だちっていう社会的ネットワークも、今までの計画も、未来も、全部失うかもしれないんだよ。だから失うもののことばっかり考えちゃうんだよ。だけど、あなたは何を失うの？」。必ずしも男性中心主義者とは言えず、それなりに妻の境遇に理解も示す会社員の夫は、この問いに答えられない。特記すべきは、すべての女性の登場人物には固有の名前があるのに、男性はキム・ジヨンの夫を除けば誰にも名が与えられていないことだ。韓国における#MeToo運動の盛りあがりに代表されるようなフェミニズムが、こうして根強く残るジェンダーによる格差に対してどのような変革をもたらすのか、その問いに迫る一つの契機がここにある。

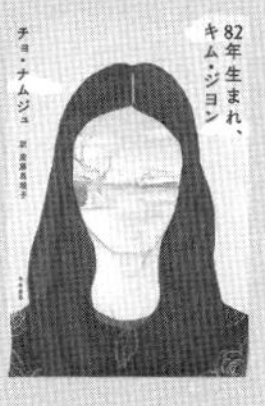

『82年生まれ、キム・ジヨン』（チョ・ナムジュ（日本語訳：斎藤真理子）、筑摩書房、二〇一八年）

次に二〇一九年のカンヌ映画祭で最高賞のパルム・ドール、米国アカデミー賞で作品賞、監督賞、脚本賞、国際映画長編映画賞に選ばれたポン・ジュノ監督の映画『パラサイト　半地下の家族』。非英語作品がアカデミー作品賞を受賞したのは史上初、パルム・ドールとのダブル受賞は六五年ぶりだから、文字通り世界の映画界の歴史を変えた快挙であると言える。テーマは韓国の都市における経済格差と階級問題。雨が降れば洪水になってしまうような「半地下」の住宅に住む家族のメンバー全員が、富裕層の家庭の中に家庭教師や運転手、家政婦として入り込み、その家庭を崩壊させてしまうまでを描いたブラックコメディだが、ポン・ジュノ監督が得意とするミステリーや復讐譚の要素もある作品だ。主演は韓国映画界の至宝と言われるソン・ガンホで、彼の演じる「パラサイト」家族の父親が表現する情感あふれるコミカルな味と鬼気迫る暴力の共存が強烈な印象を残す。彼らが住んでいた半地下の住居とブルジョワ家庭の豪邸との対照だけでなく、その豪邸の地下室が繁栄する資本主義社会から忘れ去られた亡霊のような人物たちの住処となるグロテスクで不気味な情景。まさに現代の隠喩としての貧富の差や機会不平等――韓国の都市社会のいまを描く作品が、世界の多くの人びとに訴える力を持っていること自体が、グローバル新自由主義による経済的・政治的・地理的格差の拡大という現在の社会状況を示して余りあるのではないだろうか。

最後にK-POPの分野からBTS（防弾少年団）。二〇二〇年には米国ビルボードでまず英語のシングル曲〝Dynamite〟が一位を記録、またグラミー賞にノミネートされるなど、あらゆる点でK-POPだけでなく、非英語圏のポピュラー音楽の歴史を書き換えつつある七人だ。二〇一三年にラップ・グループとしてデビューした「防弾少年団」は、その名称を「若者に向けられる社会的偏見や抑圧を防ぎ、自分たちの音楽を守り抜く」という意図から付けたという。彼らのファン「ARMY」は、世界中でBTSの人気や業績を引き上げる原動力となっており、単にアイドルを応援するファンの集まりにとどまらない。たとえば二〇二〇年にBTSが人種的不平等を告発する〝Black Lives Matter〟運動に約一億円の寄付をしたときには、「ARMY」も一日で同額を集め寄付したように、この集団自体が社会的にも影響力を持つグローバルなネットワークでもある。BTSの七人組は、その圧倒的なダンスアンサンブルの技量や歌唱力の高さだけでなく、虚飾のない発言や身振りによって世界中の若者の支持を集めている。たとえば二〇二〇年一一月にリリースされた最新アルバム〝BE〟のリード曲〝Life Goes On〟は韓国語の歌として史上初めてビルボード一位を記録したが、その歌詞は「ある日　世界が止まった　なんの前触れもなく　春は待つことを知らなくて　平然とやってきたんだ」と始まる。このように人の「脆弱さ（ヴァルネラビリティ）」と自然の摂理を信じる姿勢が、パンデミックに苦しむ世界を照らすのだ。二〇二〇年末には韓国議会がBTSの世界的活躍を視野に入れて兵役法を改正し、三〇歳まで兵役義務を遅らせることができるようにしたことをとっても、彼らの国民的貢献の大きさが伺われるだろう。

このように目立った三例をあげるだけでも、韓国のエンターテインメントが国家的事業として、芸術的にも経済的にも世界をリードしているさまが窺われよう。今後も韓国から陸続と生み出されるであろうエンタメ文化の精華は、『愛の不時着』が展望するユートピアの実現可能性へと私たちを導いてくれるのではなかろうか。

BTS（Big Hit Entertainment 公式ウェブページより）

第16話　ユートピア　유토피아《ユトピア》

ストーリー　개요《イエオ》

スンジュンはダンの感謝の言葉を聞きながら息を引きとる。セリは電気ショックによる蘇生装置で一命を取りとめる。見届けたジョンヒョクは、セリに自分がいたことを知らせず病院を去る。国家情報院は五人組に諜報活動はなかったと結論し韓国への残留を打診するが、彼らは全員、朝鮮への帰還を希望。北では総政治局長（ジョンヒョクの父）と軍事部長の取引によって、送還業務を軍事部が取りしきる条件で、南との捕虜交換に応じることとなる。

　送還の日程が決まり、このまま離れ離れになることを覚悟していたセリは、集中治療室にいたあいだジョンヒョクがずっと見守っていたことを母から教えられ、送還が行われる南北出入事務所に急行。駆けてくるセリをジョンヒョクは国境線を越えて抱きとめる。互いに相手の心配をする二人。セリは北の兵士に連行されるジョンヒョクと五人組を泣きながら見送る……。

　ダンはスンジュンを殺した者たちへの復讐を決意、その黒幕セヒョンとサンアは牢獄行きとなる。退院し自宅に戻ったセリを待っていたのは、毎日を楽しく過ごすためのジョンヒョクのメモや食料品、さらに携帯に届くメール。彼は情報院の課長の助けを得て、送還前に定期的にメッセージが届くよう準備していたのだ。

　ジョンヒョクの父親の計らいで無事に北に戻ったジョンヒョクたち。ジョンヒョクはその後除隊して交響楽団で演奏することになり、新しい中隊長はピスに。マンボクはジョンヒョクの紹介で映画撮影所の録音技師となる。それぞれが新しい生活を始めたころ、セリはスイスに若い音楽家を支援する財団を設立し、毎年スイスに通うようになる。彼女がふたたびパラグライダーに乗り、山間の草原に着地すると、そこには……。

ジョンヒョクはスイスでセリという「目的地」に到着

クリティーク 비평《ピピョン》

1 恋しさ 그리움《クリョン》

「セリズ・チョイスが出したこの限定品の名前は〝恋しさ〟だそうです」

ダンの母ミョンウンは舎宅村の女性たちにヨーロッパ土産に買ってきた化粧品を渡す。

第16話は15話から継続する「情報」の誤読というテーマが、相互理解へと育つ過程を描く。中心人物はピス。この「詩人」（北での別れのピクニックで自作の詩を読んだことを思い出していただきたい。しりとりではセリにかなわないが……）は言葉によって事象を自己流に解釈することが得意で、それはセリのような他者やソウルのような見慣れぬ場所に対する見解に顕著だ。たとえばピスはソウルに到着した当初、その夜景や人物たちを資本主義の悪癖として揶揄する。あるいは、情報院から韓国への残留の意思を問われたことを「スカウト」と勝手に思い込む。こうした一方による情報の誤読が正されるよりは誤ったままで相互理解につながるのが、『愛の不時着』という他者同士の交感を主題とするドラマの特徴である。南と北で人質交換による送還が決まり、南北出入事務所へとバスで移動する途中、ピスは情報院のキム課長に「見栄を張るために車を多く走らせてるんですね」と言う。これは韓国に着いたときの感想と同様だが、この地で時を過ごした後では、「見栄」などでないことは彼もわかっている。それに応えて課長も「ええ、集めるのが大変でした」と微笑む。間違った情報を間違ったままに受け入れること、相手の状況をそのまま許容すること、それが友情への道である。自分の方が正しいと言い続けるかぎり戦争や暴力の連鎖は終わらないことを、このやりとりは教えるのだ。
「ふるさとは遠きにありて思うもの」（室生犀星）と言われるが、ふるさとは原初の土地というよりも、ともに忘れがたい時を過ごした人のことに他ならない。その意味でふるさととは現実の場所ではなく、どこにもない場所＝ユートピアなのだ。だから隊員たちにとっては中隊長ジョンヒョクが「祖国」であり、舎宅村の女性たちが思い出すセリとともに過ごした時間こそが、自分たちがいま住んでいる土地や、ともに居る人びとを心の「故郷」として再認識させるのである。ここで引用した場面の前、北で兵役勤務に戻った四人組はふかしたジャガイモを食べながら、南の食べ物や電気やネットを懐かしむ。ピスは「ジャガイモはポフ（ポテトフライ）にかぎる」と断言するのだが、それはどちらがより美味しいかという判断ではなく、食物や文化の多様性への理解を示すものだろう。さらに一つ前の場面では、ジョンヒョクからのメールに促されてセリが運動をしたり、食事をきちんと摂ったりするようになって、そうした習慣が南と北の二人によって同時に実行される情景が描かれる。どちらがよりいいかではなく、どちらもいいと差異を楽しむこと。その態度が思い出を「恋しさ」へと高めるのであり、たとえ今は一緒に居れなくても、いつかはそのユートピアが実現することへの希望が保たれるのである。

さて舎宅村では、ダンの母ミョンウンがヨーロッパで買ってきたセリズ・チョイスの新製品を土産に、ヨンエたちを訪れる。この化粧品の箱には、四人の

女性たちの
セリへの「恋しさ」

女性たちの似顔絵が描かれ、そこに漢字で名前がついている——英（＝ヨンエ）、月（＝ウォルスク）、玉（オックム）、明（＝ミョンスン）。ミョンウンにとってセリは娘の婚約者を奪った張本人だが、この製品を見て「短かった縁でも大事にして思い出の品を作るなんて、礼儀知らずではなさそう」と評価する。それを受けて女性たちも口々にセリのことを懐かしむ。その箱には、絵と名の下に「그리움《クリヨン》（恋しさ）」というタイトルがハングルでついている。肖像画と漢字とハングル——三つの異なるメディアの共存が東アジアにおける歴史と文化の共通性と差異を象徴し、ひいては同じ言語と文化を共有しながら南北に分断されている現実の不条理を訴える。これこそが『愛の不時着』が伝える静かで強い文化的・政治的メッセージなのである。

目的地にたどり着いたのはジョンヒョクだけではない。彼の隊員たちも村の女性たちも、別離の哀しさを身に引き受けることで、愛へと到着する。「恋しさ」というモチーフが教えるのは、どこかに存在するかもしれないユートピアへの渇望であり、その想いは相手に会えなくても、あるいは相手が生きていなくても、「命」への思い出として人の中に留まり続けるのである。

2 命 목숨《モクスム》

「その人もダンのことを……命よりも大事に思ってくれてます」

ダンの母ミョンウンが娘に好きな人ができたようなので、ジョンヒョクとの婚約を破棄してほしいと母ユニに申し出る。

『愛の不時着』がなぜ「愛」と「不時着」とを結びつけるのか、それは単にセリのパラグライダー事故が発端となるからではない。それは「愛」がつねに「不時」の到着、偶然と運命、努力と諦念、分断と接続、彼方と此方、生と死のあわいに出現する営みだからである。それを証するのが、セリとジョンヒョク、ダンとスンジュンという二組の愛しあう人間たちの生き方（死に方）の対照だ。

ミョンウンはスンジュンの死を賭けた行為を、そしてダンへの彼の想いを知って、自らジョンヒョクの母ユニに婚約の破棄を申し入れに出かける。この訪問が先に論じた「恋しさ」の場面の後であることは重要である。女性たちにセリの化粧品を渡した後で、ダンとともにスンジュンが滞在していたアパートの片づけに行ったミョンウンは、そこでスンジュンが着ていた青いコートを抱きしめてダンが泣いているのを見る。恋しさと感謝は、それを伝えるべき相手がそばにいないとき、さらに強まるものだ。自分たちの名前がついた化粧品を見た女性たちがセリに伝えたいと願う「ありがとう」の想いがこもる涙は、ダンが伝えたくても伝えられないスンジュンへの想いと悲しみにそのまま重なるのである。

ミョンウンは破談の理由として、「ダンに好きな人ができたようなんです」と告げて、ここで引いた言葉を語る。聞き手のユニはダンの好きな人がスンジュンであると知る由もなく、ましてや彼が命を捨ててダンを救ったことなど思いもよらないだろう。それでも「人生は一度しかないんですもの、命より大事だと言われたら反対できません」と述べるミョンウンのただならぬ言葉の重みは、一人の母からもう一人の母へと伝達されたメッセージとして、しっかりと二人の、そして私たちに胸に刻みつけられる。ユニもそのとき失った一人の息子と、奇跡的な生還を果たしたもう一人の息子のことを、そして彼が自らの命よりも大事にしている一人の女性のことを考えているにちがいない。こうして二人の母のあいだで交わされた謝罪と感謝が、分断され別離を余儀なくされた多くの人びとの思いを代弁するのである。

すぐ後の場面で、今度は当事者であるジョンヒョクとダンが対面する。ダンがスンジュンに指輪を捧げられた思い出の部屋をもう一度、訪れたくてジョンヒョクの家にやってきたのだ。ジョンヒョクにスンジュンの居所を尋ねられたダンは「遠いところです、二度と戻れないところに」と答える。彼女がスンジュンの死を告げないのは、おそらく彼女にとって愛する人の命がつねに現在性を帯びているからだろう。スンジュンはユートピアという「どこにもない場所」に行ってしまったが、その場所はダンの心の中にいつでも存在しているのである。不思議がるジョンヒョクに、自分の人生も理由がわからないことだらけだと言うダンは、ジョンヒョクに彼のカメラを修理したからと手渡し、なぜ自分に無関心だったたか、その理由がわかったと告げる――「全てはこの時から始まってたんですね」と。カメラの中にはスイスのジーグリスヴィル橋の上でヴォイスレコーダーに遺言を残すセリが映っていた。命を捨てようとしていたセリ、その写真を撮ったジョンヒョク、そしてジョンヒョクに頼まれてダンとの写真を撮ることで、セリが橋から飛び降りるきっかけを失ったこと。「全てはこの時から始まって」おり、一つの命が救われて、新たな出会いが準備されたのだ。

「命より大事だと言われたら反対できません」

命というモチーフは、次にセリがジョンヒョクのメールに従って、鉢植えの花を育てる場面でも継続される。この鉢植えはジョンヒョクが北に戻ったあとでセリに届くように手配した贈り物で、セリはメールでのジョンヒョクの指示に従って、適度に水をやり、日光に当て、そして毎日十個の好きな言葉をかけてやる。十個目はもちろん「リ・ジョンヒョク」なのだが、そのおかげで芽が出る。その様子はジョンヒョクが舎宅で、セリの言う通りに育てたトマトを見つめる映像に重なる。こうして離れて暮らしてはいても、互いの命が繋がれていることを植物の生命力が明かしており、そのことが次で触れる「花」に託された二人のユートピア的な想いと信念を支えているのである。

3 花　꽃《ツコッ》

「その花が咲く国で会おう」

セリの誕生日に送られたジョンヒョクの最後のメールに書かれていた言葉。

退院して自宅に帰ったセリを待っていたのは、ペットボトルの水ぐらいしか入っていなかった冷蔵庫や空っぽだった棚に詰まった食料品、それにジョンヒョクが残した麺のゆで方を教えたメモ。セリはあらためて離れ離れになったことを認識して悲しみに沈む。夜、睡眠薬の代わりに聴くようにとジョンヒョクが以前録音した「兄のための歌」を聞きながら床につくと、枕元のスマートフォンにメールが届く。それは数日ごとにセリに届くようにとジョンヒョクが予約したメールの最初の一通。「君のことが心配だし、まだ言いたいこともたくさんある」と始まるメールは「一番言いたいことは本棚

に残した」と続き、セリが本棚を見ると「"ユン" "セ" "リ" "サ" "ラン" "ヘ" 尹세리사랑헤」と本の背のタイトルの頭文字が並べられている。セリが以前ジョンヒョクの舎宅で行ったことの返礼だ。物理的な距離が遠いほど、想いを伝える言葉の重みが増す。繰り返しになるが、恋が互いを見つめあう傾向だとすれば、愛は同じ方向を見る。愛の基本は自分の欲望ではなく、相手に対する想像力である。ジョンヒョクから数日ごとに届くメールは、セリが何をしているのか何を考えているか何をすれば幸せな気持ちになれるかを想像し、自らの欲望ではなく希望を託すメディアなのである。

こうしてジョンヒョクのセリへのメールは続く。セリがアドヴァイスに従って林檎を食べたり部下と一緒に食事をしたりする場面が、ジョンヒョクが北で同じようにしている場面と並行して描かれることで、視聴者は離れた場所で同じ方向を向き、同じことをして、同じことを考えている愛のありさまを知る。「私が悲しむと彼もそうなりそうで——私は精いっぱい笑って感謝して、幸せになろうと努力した」とセリが言うように。一年近くがたち二月一日の夜となって、セリが一人で焼酎を飲んでいると、またジョンヒョクからメールが届く。十二時を過ぎ、セリの誕生日を祝うメッセージだ。しかしそこにはメールが一年分しか予約できず、もう出発しなくてはならないから、これが最後のメールだと書かれていた。「花は咲いたかな」とメールで聞くジョンヒョクは、鉢植えの花の名が「エーデルワイス」であると教え「その花が咲く国で会おう」という言葉を残す。「いつとは言えない」けれども、「努力すれば運命が僕たちを導いてくれるはず」と。このジョンヒョクらしい哲学的なメッセージに対し、セリは彼女らしく実行力で応える——クイーンズ・グループを引きついだ長兄セジュンに協力させ、スイスに音楽家を支援する奨学財団を設立するのだ——いつかそこでジョンヒョクに会えると信じて。

こうして頻繁にスイスに通い続けるセリの味方となるのは、母ジョンヨンである。「会いたいと願わないと生きてられないから」と母に語るセリの願いを支えるのは彼女のジョンヒョクへの信頼だ――「だけどあの人は、私がどこにいても、見つけてくれるの。いつかは 会えるはず」。エーデルワイスの花言葉は「大切な思い出」だが、セリはジョンヒョクを「思い出」にはしたくないと言う。だから人生を二度生きることにして、「一度目の人生では愛する人と出会って別れ、二度目の人生では再会を願って生きる」――かくしてセリはスイスでふたたびパラグライダーで風に乗り、空を飛ぶ。ジョンヒョクとふたたび出会うユートピアへの飛翔。

その飛行の着地はセリ自身には「失敗」だったが、見ていた人がいる――「今度は正しい場所に落ちた、落ちたんじゃなく降臨だったっけ」と。ジョンヒョクは「列車を乗り間違えた、そしたら着いた」とそこにいる理由を語る。つまり彼の「僕の目的地」であるセリへの到達もまた「不時着」だったのだ。こうしてセリがジョンヒョクに草原での野宿の夜に教えたインドのことわざが現実となる――「間違えた列車が目的地に着く」。ユートピアを目的地にするのが愛の力に他ならないと教える『愛の不時着』――このドラマは、その力が単に一組の男女のあいだだけでなく、朝鮮半島の統一を願う、そしてあらゆる分断を乗り越えて「会いたい」と願いつづけている人びとにも備わっていることを、静かに、しかし雄弁に伝えるのである。

「その花が咲く国で会おう」

コラム 비평《ケラム》⑯ ハングル

ジョンヒョクとセリが交換し合った本のタイトルの頭文字による愛のメッセージ。これを可能にしているのは、ハングルという朝鮮半島独特の文字表記だ。

ハングルは、一四四六年に李氏朝鮮第四代国王の世宗が「訓民正音　훈민정음（フンミンジャグム）」の名で公布した朝鮮固有の文字表記法である。朝鮮半島にはそれまで朝鮮語を表記する固有の文字がなく、知識層は漢字や吏読と呼ばれた（漢字の音訓を借りた表記法）を使用していた。世宗は漢字の素養がない庶民でも文字を使えるべきとの思想の持ち主だったが、漢字こそが唯一の文字であると考える保守派の反発を受け、当時はあまり広まらず、「諺文 언문（オンムン：卑しい文字）」と呼ばれていた。しかし簡便さゆえに次第に民衆の書記手段としてだけでなく、宮廷人や両班のような支配層にも使われるようになっていった。二〇世紀になると「諺文」の代わりに「大いなる文字」を意味するハングルという名称が使われ、植民地独立の一九四五年以降に本格的に流通する。漢字を部分的に使用している日本語とは異なり、現在の朝鮮半島ではハングルが完全に表記法として定着している。ハングル文字は、母音は天〝・〟、地〝—〟、人〝|〟を表し、子音は〝ㄱ〟（k、g）、〝ㄴ〟（n）など、発音するときの音声器官の形を真似て作られた。

『愛の不時着』の第4話と13話には、セリとピスの「しりとり 끝말잇기（クンマリッキ）」があり、この遊びもハングルの特徴が生かされているので簡単に説明しよう。日本のしりとりとは異なり、一音ではなく、同じ文字記号をつなげていくのがポイントであり、このドラマは南北独特の単語がそれぞれ使われている。順番に並べると、セリ「계단（ケダン：階段）」→ピス「단묵（タンムク：北のゼリー菓子）」→セリ「묵사발（ムクバサル：南の野菜スープ）」→ピス「발바리차（バルバリチャ：北のタクシー）」→セリ「차가버섯（チャガポソッ：南のキノコ）」→ピス「섣달그믐（ソーッタルグム：大晦日）」。セリの最後の섯（ソッ）と、ピスの最初の섣（ソー）は、同じソ音のようだが、文字に注目していただくと違いが判るだろう。さらにピスは「섯쪽하늘（ソッチョハヌル）」と粘るが、どうやらこんな言葉はなく、ジョンヒョクに「섯」ではなく「서」の「서쪽하늘（西空）」と訂正される。つまりハングルに「섯」で始まる単語はほとんどないのだ。13話のしりとりでもセリは「양송이버섯（ヤンソンイボソッ：マッシュルーム）」と、またもやキノコでピスに勝つ。

同じ言語でも朝鮮と韓国との文化の違いによって、セリとピスの競争が可能となるのだが、笑いながら私たちが考えてしまうのは、こうして同じ言語を共有して言葉遊びができるのに、国家体制の違いによって分断を余儀なくされているという不条理ではないだろうか。ピスとキム課長のやり取りで見たように、言語には意味や情報を超えて、互いの真情を伝え合う機能が備わっている。『愛の不時着』が描くハングル文化は、人の想いをつなぐという、文字が持つ本来の価値を教えてくれるのである。

ユン・セ・リ・サ・ラン・ヘ　윤세리사랑헤

エピローグ 에필로그《エピログ》　愛に無事着——二つの共和国、一つの半島

『愛の不時着』はさまざまなシンメトリーが組み合わさってできた堅牢で華麗な建造物のように、反復と変奏、過去と現在、彼方と此方とが見事な均整をなして緊密な構成で作られています。この本の最後も、プロローグでの主題を反芻しながら、対照をなすエピローグで閉じようと思います。

何度も延べてきましたが、『愛の不時着』の大きな魅力の一つは、朝鮮と韓国に生きている人びとの姿を生き生きと描いている点にあります。それが北と南の社会状況にどれだけ近いか、現実をどれほど忠実に描写しているかは、分断状況を克服するという課題にとって、それほど問題ではありません。大事なことは、私たちがどこに住んでどんな暮らしをしていようと、このドラマの中の登場人物たちの運命に一喜一憂し、彼ら彼女らの生きざまに共感し、言葉に打たれ、何度でも会いたいと願う——そんなフィクションの力を信頼することではないでしょうか？　それがひいては、半世紀以上にわたって戦争や差別や暴力に引き裂かれてきた朝鮮半島の分断体制を超えて、朝鮮半島の人びとだけでなく全世界の人びとがふたたびそのような不幸に見舞われることのない社会を築くという希望につながるのです。

パラグライダーが朝鮮半島を南北に分断する三八度線を越えてしまったところから始まった『愛の不時着』は、晴れた夏の日にスイスの草原に無事に着陸したユン・セリのパラグライダーを出迎えたリ・ジョンヒョクの「今度は正しい場所に落ちた」という言葉で終幕を迎えます。分断された一つの

半島が、スイスというもう一つの共和国によって昇華される結末――このことをどう評価するかが、このドラマの政治的な意義を考えるうえで重要でしょう。

現代史のなかで、スイスという共和国は興味深い政治的かつ経済的地位を占めています。「永世中立国」としてどこの国とも国交を持つスイスは、南北朝鮮を分断する三八度線にある中立国管理委員会の一員ですし、現在の朝鮮の指導者たちの多くもスイス留学の経歴を持っています。政治エリートの息子であるジョンヒョクが、音楽修行の場としてスイスを選んだのも不思議ではないでしょう。またスイスの銀行は朝鮮の高官や韓国の財閥が秘密口座を持っているので「朝鮮半島の金庫」とも言えるでしょうし、その事実はこのドラマにも生かされています。またスイスと言えば、誰でも時計とチョコレートを思い浮かべるでしょうが、ドラマの鍵であるジョンヒョクの殺された兄の腕時計も、セリが現金を手に入れるために質に入れた超ブランド物の腕時計もスイス製かもしれません（スイスの土産物屋で、セリとダンがストレス解消のために「激甘」を求めて買ったチョコレートがイギリス製のKit-Katなのはご愛嬌――スイスの上品なチョコレートでは甘さが足りない……）。

舞台や映画で有名なミュージカル『サウンド・オブ・ミュージック』でも、トラップ一家がナチスの迫害を逃れてオーストリアから徒歩で脱出するのはスイスで、そこには自然が豊かで人びとは寛容、音楽と工芸に優れて平和な国スイスというイメージが投影されています。しかし政治や経済の現実を眺めてみれば、それが幻想であることは明らかでしょう。まずスイスの「中立」を支えているのは、ヨーロッパでも有数の強力な常備軍とグローバルな金融ネットワークであって、それがドイツ、フランス、イタリアといった強大国に囲まれた小国でありながら、長年独立を保ってきた要因の一つです。

また二〇世紀においてヨーロッパから何らかの理由で亡命しようとすれば、その目的地はスイスではなくアメリカ合州国であったはずです。このように多くの物語において、〈スイス〉とは現実の国家というよりも、ここではないどこかを目指そうとする人びとの願望が投影された「ユートピア」なのではないでしょうか。

『愛の不時着』の最後で、セリとジョンヒョクとの再会の鍵となるエーデルワイスの花も、スイスとオーストリアの国花ですが（オーストリアは非公式）、『サウンド・オブ・ミュージック』で有名になった「エーデルワイス」という歌はオスカー・ハマースタインとリチャード・ロジャースが作った歌で、オーストリア国歌ではありません。このミュージカルの最後近くのフェスティバルの場面で、ナチスドイツに支配されようとしているオーストリアの文化と自然を象徴するかのように歌われるので（しかも英語で……）、そのように誤解してしまう向きもあるのですが、あの場面でこの歌はトラップ一家の子どもたちが逃亡する時間稼ぎに歌われているわけです。つまり「エーデルワイス」も、永遠に汚されない「高貴な白」を象徴する花／歌として捏造されているだけでなく、暴虐からの逃亡の果てに到着する理想の場所の象徴でもあるという二重性を帯びているのです。

とすれば、ジョンヒョクとセリが、セリの財団主催の音楽会への参加を理由に二週間の逢瀬を果たすスイスも、同じ言語と文化を共有しながら、いまだに南北に分断された国家に暮らさざるを得ない人たちが、心と心、肌と肌を寄せ合うことのできるユートピア、つまりどこにも無いけれども、どこかにあって欲しい、どこかにあるべき場所なのではないでしょうか？　そして、いま私たちが哀惜の念とともに別れを告げようとしている『愛の不時着』というドラマも、いつかは愛が無事に到着するであろう〈共和国〉がユートピアであるスイスだけにではなく、現実の朝鮮半島にも実現しなければならない――そんな人びとの思いを乗せて、いつまでも私たちの目と耳と心に余韻を残し続けるに違いありません。

ドラマの最後でジョンヒョクがセリにあげる白い花束。エーデルワイスもそうですが、白い花が素敵なのは、そこにさまざまな希望を託せるからではないでしょうか。『愛の不時着』というドラマのテーマを一言で表すとすれば、それは「待つこと」とも言えます。前世紀の半ば一九五三年に初演されたサミュエル・ベケットの『ゴドーを待ちながら』という芝居があります。この何かを待っている二人の浮浪者による悲喜劇、何を待っているのかもわからず、はたして何かが来るのかも確かではない、それでも待ち続けるという不条理を描くこの作品は、待つことの極限的な絶望を示しています。しかし同時にこの芝居は、何も来ないかも知れないと思いながら、待ち続ける意思の強さを描いているとも言えそうです。よく「失敗は成功のもと」と言われますが、失敗してそれでやめてしまえば絶対に成功しません。その代わりに失敗し続けていれば、失敗しても努力して試し続ければ、いつかは必ず成功する、それが物事の道理です。『ゴドーを待ちながら』が初演された一九五三年は、奇しくも朝鮮戦争が「休戦」となって南北の分断体制が開始された年です。それから七〇年近くたって、朝鮮半島だけでなく世界中でいまだに戦争も差別も不正義も終わらないどころか、私たちの生存する唯一の場所である地球そのものが存続の危機に瀕している現在、もはや私たちに絶望している余裕はないのではないでしょうか。むしろ待ち続けること、試み続けること、その強さとしぶとさを持ち続けることにこそ、私たちは微かな希望を抱くべきなのではありませんか――セリやジョンヒョクのように。

『愛の不時着』をセレブが主人公の現実離れしたファンタジーにすぎないとか、朝鮮を理想化しているとか言って高を括るは簡単です。しかしこのドラマがこれだけ多くの人びとの心を捉えているのは、それが単に恋人たちの夢物語だからでしょうか？　私にはそうとは思えません。それは、この物語が私たちの他者意識に根本的な反省を迫るからではないでしょうか。私たちは毎日、自分たちの足元ばかりを見つめ、忙しさを口実として自分の怠惰を許し、知らない国や社会の人びとを知ろうとしてこなかったのではないか？　朝鮮の生活は飢餓と貧窮と退屈と抑圧だけなのか？　朝鮮に限らず、どこの国や社会にも毎日をそれなりに楽しみ、いきいきと生活している人びとがいるのでは？――そんな当たり前だけれども貴重な問いを抱くようになって、そこに住む人の文化や歴史を想像するようになった私たち。朝鮮や韓国と中国や日本の東アジアにおける歴史や文化交流を考えるようになった私たち。これまで日本に来る台風が逸れれば安心していただけなのに、それが朝鮮半島に行ったらどうなるかを心配するようになった私たち。『愛の不時着』が繰り返し教えるように、愛の本質は遠くの人を想うことです。すべては「不時着」から始まる。それを「無事着」に変えるのは、私たちの日常と想像力をおいてほかにない。他者の歴史や物語を、幻想だと言っている限り、現実は変わりません。私たちは他人事を他人事として済ませていられる、そんな自分たちの余裕をこそ疑うべきではないでしょうか？

本書で述べてきたことの繰り返しになりますが、『愛の不時着』の優れた特質は多様性にあります、たとえば北の五人組や舎宅村の女性たちそれぞれに他とは違う愛すべき特徴があるように。そして彼らにとって、祖国は中隊長であるジョンヒョクなのです、朝鮮民主主義人民共和国と呼ばれる国家ではなく。そして、ここでの「中隊長」とは階級ではなく、友愛の対象にほかなりません。同じ歴史と文化と言語と血筋を共有する最後の分断国家である朝鮮半島を統一する――その希望は希《まれ》であるからこそ、セリとジョンヒョクのように「願い続ける」価値のあるユートピアへの渇望なのではないでしょうか。

＊

本書の各頁には、さまざまな人との対話の痕跡が刻まれています。ここで名前を列記することはいたしませんが、全体の構成、各話の場面やテーマとモチーフの分析に関して、たくさんのアイデアをいただきました。心から御礼申し上げます。

『愛の不時着』を愛する多くの人びと、とくにまだこのドラマに触れていない若い日本語読者の方々にこのドラマの魅力を伝えられるように、編集に工夫をこらしてくださったナカニシヤ出版の由浅啓吾さんにも感謝申し上げます。

どうかこの拙い小著が、このドラマに登場する人たちと私たちとを何度も出会わせる契機となりますように。

二〇二一年一月　本橋哲也

朝鮮半島の歴史と文化と人びとを、より知るために
——書籍・映画リスト、それに私が選んだ韓流ドラマ

『愛の不時着』を観ることを通して、私たちにとって朝鮮半島の歴史と文化と人びとは、これまでよりも格段に身近で大切なものとなりました。そこでさらによく朝鮮半島を知るために、書籍と映画の精選リスト、それと、これは私の好みに従っただけですが、ジャンル別に分けたお気に入りの韓流ドラマをいくつかあげます（もちろん『愛の不時着』は「史上最高」なので別格です）。

書籍

★伊藤亜人・武田幸男・高崎宗司・大村益夫・吉田光男『新版 韓国 朝鮮を知る事典』（平凡社、二〇一四年）
これ一冊あれば、事実関係はほぼ確かめられます。

★石坂浩一（編）『現代韓国を知るための60章 第2版』（明石書店、二〇一四年）
★石坂浩一（編）『北朝鮮を知るための55章 第2版』（明石書店、二〇一九年）
この二冊も包括的な紹介として、座右に置いておきましょう。

★石坂浩一『韓国と出会う本——暮らし、社会、歴史を知るブックガイド』（岩波ブックレット、二〇〇三年）
以上の三冊が少し重すぎる場合は、まずこの薄いけれども充実した入門書から始めてください。

★文京洙『新・韓国現代史』（岩波新書、二〇一五年）
★和田春樹『北朝鮮現代史』（岩波新書、二〇一二年）
この二冊も通史として読みやすい基本図書です。

★韓洪九『韓洪九の韓国現代史――韓国とはどういう国か』（平凡社、二〇〇三年）
★韓洪九『韓洪九の韓国現代史Ⅱ――負の歴史から何を学ぶのか』（平凡社、二〇〇五年）

まさに蒙を拓いてくれる本として、韓国の人びとが軍事独裁や反民主的政権に抵抗し続ける力の源泉がどの辺にあるのかが、とてもよく解って元気の出る通史。

★徐京植『皇民化政策から指紋押捺まで――在日朝鮮人の「昭和史」』（岩波ブックレット、一九八九年）

この多産な著者のそれぞれが珠玉の言葉で綴られた本から一作だけ選ぶのは無謀ですが、ここでは記念すべき最初の単行本を。日本に住む者にとって知るべきことの原点が記されています。

★姜信子『ノレ・ノスタルギーヤ』（岩波書店、二〇〇三年）

歌に導かれて朝鮮の女たちの流浪の足跡をたどり、東アジアの歴史に脈打つ通奏低音を聞きましょう。

★李静和『新編　つぶやきの政治思想』（岩波現代文庫、二〇二〇年）

済州島生まれの著者の「つぶやき」を媒介として、朝鮮半島と日本のあいだをつないでゆく私たち自身の営みにおける、出発点にして終着点。

★趙廷来『太白山脈』全十巻、尹學準監訳、川村湊校閲、筒井真樹子・安岡明子・神谷丹路・川村亜子訳（集英社、一九九九〜二〇〇〇年）
★金石範『火山島』全七巻（文藝春秋、一九八三〜一九九七年：岩波オンデマンドブックス、二〇一五年）

長編小説を二作。前者は全斗煥の軍事政権下で書かれ、全羅南道を舞台とした一九五〇年代における南朝鮮労働党のパルチザン闘争を描いて、東アジア現代史に埋もれた人びとの生きざまを活写します。後者は著者の故郷である済州島における一九四八年の四・三抗争の実相を描きつくした、在日朝鮮人日本語文学の金字塔です。

★「韓国の民衆歌謡」編集会議編『歌よ、はばたけ！――韓国の民衆歌謡』（柘植書房新社、二〇〇五年）

労働運動や民主化運動のデモに欠かせない名曲の数々――それが時代背景の解説とともに収められています。譜面付きです。

映画

★『ＪＳＡ』（パク・チャヌク監督、二〇〇〇年）
本書でも何度か言及しましたが、北と南の分断・休戦状況を考えるためには、まずこの映画から。金光石の歌声が忘れられません。

★『ペパーミント・キャンディー』（イ・チャンドン監督、二〇〇〇年）
一九八〇年代から九〇年代の韓国民主化運動を背景に、それを弾圧する警察官の主人公の半生を描いた秀作。主人公の自殺の場面に始まり、時系列を逆に遡っていく構成が見事です。

★『シルミド』（コン・ウソク監督、二〇〇三年）
一九六八年、金日成暗殺のため死刑囚三一人を集めた特殊部隊六八四が結成されたという実話に基づく国家テロリズムを主題とした問題作。

★『送還日記』（キム・ドンウォン監督、二〇〇三年）
一九六〇年代に朝鮮から韓国にスパイとして派遣され捕えられた囚人たち九人の出獄後の人生を描くドキュメンタリー。

★『パッチギ！』（井筒和幸監督、二〇〇四年）
一九六八年の京都を舞台として、在日朝鮮人と日本人の若者の確執と恋愛を描きながら日本人に根本的反省を迫る娯楽映画。「イムジン河」が主題歌です。

★『光州５・18』（キム・ジフン監督、二〇〇七年）
一九八〇年五月の「光州事件」は全斗煥の軍事政権による民衆弾圧として、韓国民主化運動の大きな画期をなしますが、とくに光州のタクシー運転手の役割が大きかったと言われます。

★『共犯者たち』（チェ・スンホ監督、二〇一七年）
李明博・朴槿恵政権の長年にわたるメディアへの介入と、「共犯者」だった主流メディアの罪業を暴いたドキュメンタリー。同監督の前作『スパイネーション／自白』と同様、韓国ジャーナリズムの気概を感じます。

★『１９８７、ある闘いの真実』（チャン・ジュナン監督、二〇一七年）
一九八七年一月に獄中で拷問死したソウル大学生パク・ジョンチョルの死の真相を追う人びとの闘いから、六月民主抗争へと至る運動の高揚を描きます。

私が選んだ韓流ドラマ

本書でも触れた作品以外にも、韓流ドラマには多くの傑作・問題作・秀作があります。私が見た中からその一端を紹介すれば――

A. 歴史物

★『風の絵師』（イ・ウニョン脚本、チャン・テユ／チン・ヒョク演出、二〇〇八年）

李氏朝鮮時代の政争を、宮廷絵師の生きざまを中核として描き、ことに女性同士の恋愛に踏みこみ、心理的陰影に富んだ名作です。芸術表象の力と謎を考えさせられます。

『風の絵師』DVD-BOX I（販売：エイベックス・ピクチャーズ）

B. 現代史

★『砂時計』（ソン・ジナ脚本、キム・ジョンハク演出、一九九五年）

二〇世紀末の韓国民主化運動の歴史を背景に、男女の恋愛と友情という永遠の主題を描きつくした記念碑的作品。韓流ドラマを一つも見たことがない人には、まずこのドラマから。

『砂時計』Vol.8（販売：ポニーキャニオン）

C. ホームドラマ

★『SKYキャッスル～上流階級の妻たち～』（ユ・ヒョンミ脚本、チョ・ヒョンタク演出、二〇一八年）

救いがたい学歴競争社会の実相を、ブラックコメディ・ミステリーとして暴き出した問題作。結末に救いを見れるでしょうか……。

『SKYキャッスル～上流階級の妻たち～』DVD-BOX I（販売：TCエンタテインメント）

D. 反差別

★『梨泰院クラス』（チョ・ガンジン脚本、キム・ソンユン演出、二〇二〇年）

二〇二〇年には『愛の不時着』とともにベストの座を争った、現代韓国社会における階級・人種・性差別へのノックアウトパンチ。現代のヒーローは、リ・ジョンヒョクか、それともパク・セロイか……難しいですね。

『이태원 클라쓰』韓国版 DVD-BOX

E．戦争と恋愛

★『太陽の末裔 Love Under The Sun』（キム・ウンスク／キム・ウォンソク脚本、イ・ウンボク／ペク・サンフン演出、二〇一六年）

徴兵制度のある国にとって、戦争と恋愛はドラマを駆動する主題となります。男性軍人と女性医師とが朝鮮半島から遠く離れた紛争地域で再会すれば、恋が燃え上がるのは必定なのですが……。

『太陽の末裔 Love Under The Sun』DVD-SET2（販売：エ NBCユニバーサル・エンターテイメントジャパン）

F．タイムスリップ・ファンタジー

★『麗～花萌ゆる8人の皇子たち～』（チョ・ユニョン脚本、キム・ギュテ演出、二〇一六年）

化粧品販売員のヒロインが高麗王室にタイムスリップする定番のファンタジー・ロマンスですが、彼女が王室の権力闘争に持ち前の勇気とユーモアで介入する姿に共感します。

『麗～花萌ゆる8人の皇子たち～』DVD-SET1（販売：エ NBCユニバーサル・エンターテイメントジャパン）

著者略歴

本橋哲也（もとはし・てつや）

1955年東京生まれ。東京大学文学部卒業、イギリス・ヨーク大学大学院英文科博士課程修了。D. Phil。

現在、東京経済大学教授。カルチュラル・スタディーズ専攻。

著書は、『映画で入門 カルチュラル・スタディーズ』『カルチュラル・スタディーズへの招待』『ほんとうの『ゲド戦記』』（大修館書店）、『本当はこわいシェイクスピア』（講談社選書メチエ）、『ポストコロニアリズム』（岩波新書）、『侵犯するシェイクスピア』（青弓社）、『思想としてのシェイクスピア』（河出書房新社）、『深読みミュージカル』（青土社）、『ディズニー・プリンセスのゆくえ』（ナカニシヤ出版）、『宮城聡の演劇世界』（共著、青弓社）など。翻訳書は、ガヤトリ・スピヴァク『ポストコロニアル理性批判』（共訳、月曜社）、ホミ・バーバ『文化の場所』（共訳、法政大学出版局）、ロバート・ヤング『ポストコロニアリズム』（岩波書店）、C. L. R. ジェームズ『境界を越えて』（月曜社）、レベッカ・ウィーバー＝ハイタワー『帝国の島々』（法政大学出版局）など。

『愛の不時着』論
セリフとモチーフから読み解く韓流ドラマ

2021年9月1日　初版第1刷発行　（定価はカヴァーに表示してあります）

著　者　本橋哲也
発行者　中西　良
発行所　株式会社ナカニシヤ出版
〒606-8161　京都市左京区一乗寺木ノ本町15番地
Telephone　075-723-0111
Facsimile　075-723-0095
Website　http://www.nakanishiya.co.jp/
E-mail　iihon-ippai@nakanishiya.co.jp
郵便振替　01030-0-13128

装幀＝白沢　正／印刷、製本＝ファインワークス

ISBN978-4-7795-1590-3　C1074